謹以此書

獻給

育我勞瘁之父母

誨我不倦之恩師

藝術叢刊之二

中韓南宗繪畫之研究

——朝鮮時代後期——

崔炳植 著

文史哲出版社印行

藝術叢刊 ②

中韓南宗繪畫之研究
—朝鮮時代後期—

著者：崔炳植
出版者：文史哲出版社
登記證字號：行政院新聞局局版臺業字〇七五五號
發行所：文史哲出版社
印刷者：文史哲出版社
臺北市羅斯福路一段七十二巷四號
郵政劃撥儲金帳戶一六九九五號
電話：三五一一〇二八

平裝基本定價 三六〇元

中華民國七十一年九月初版

那序

韓國自古以來，與中國大陸，就有頻繁的往來，中國的文化，漸漸地就傳入韓國，繪畫的傳入，是其中最重要的。

中國南宗畫之傳入韓國，一般的說法，是在十七世紀，也有人說是在十五世紀，因爲畫蹟不傳，探討上有不少的困難。

南宗畫法傳到韓國以後，對於韓國的繪畫，起了不少作用，在題材上、技法上，都有了相當的變化，南宗畫在韓國已是盛極一時，這些情形，是研究韓國繪畫的人所應知道的。但是此種論著不多。韓國學生崔炳植君，在韓國讀書，卽注意於此，來台入本所研究時，更加努力，廣搜資料，作比較研究，成此論文，甚是可嘉。現經友人設勸，把它印刷出來，供研究書畫者之參考，並囑贅數語，以資鼓勵，因是述梗概如上。

中華民國七十一年七月那志良識於中國文化大學藝術研究所。

自序

自古以來中韓兩國文化歷史背景極爲悠久密切；繪畫則爲其文化往來中最重要的一環。然而，目前兩國學者之間，對於這一極其重要的繪畫關係的研究，極爲罕見。這在中韓兩國之繪畫史研究上，誠爲一大遺憾。

中韓兩國繪畫史關係之研究，意義頗爲重大，一方面顯示出中國歷史上繪畫發展對其鄰國之影響；一方面對韓國繪畫史上畫風之演變，也可探朔其根源。

本書論述的重點，首在中國繪畫南北分宗之意義、及其繪畫演進之背景、南宗與禪宗關係之探討。次及南北宗之畫法、及南宗對朝鮮時代後期繪畫影響史實、時代風格演變與代表畫家畫風分析之研究。

本書原爲作者民國七十一年畢業於中國文化大學藝術研究所之碩士論文。原題爲「南宗畫之研究與其對朝鮮時代後期繪畫之影響」經過補充修改後而告完成。

在我來華研究期間，承蒙那所長志良、佘師城兩位教授，一直給予我指導與激勵，使我能順利完成本書，在此我謹向兩位致謝。而蔣院長慰堂先生及所屬國立故宮博物院資料室、圖書館諸位職員，中央研究院傅斯年圖書館，及崔館長淳雨先生及所屬韓國國立中央博物館職員，韓、中兩國各大學圖書館之親切與廣大資料提供及美國 JAMES MADISON 大學尹師鍾健教授等之傾力對我在文獻與文章的指導，使作者得以順利完成學業與論著之撰寫。並承文史哲出版公司出版，一併在此向他們致最深的謝意。

本書撰寫，一者因爲作者爲韓國留華學生，中文造詣尙淺，文字運用與文章結構上，或有未妥之處。一者在資料蒐集方面，容或有許多遺漏，對問題的探討或有缺失，皆希讀者原諒，並祈不吝予以指教。

中華民國七十一年七月序於台北外雙溪　崔　炳　植
西元一九八二

中韓南宗繪畫之研究目錄

—朝鮮時代後期—

圖片目錄

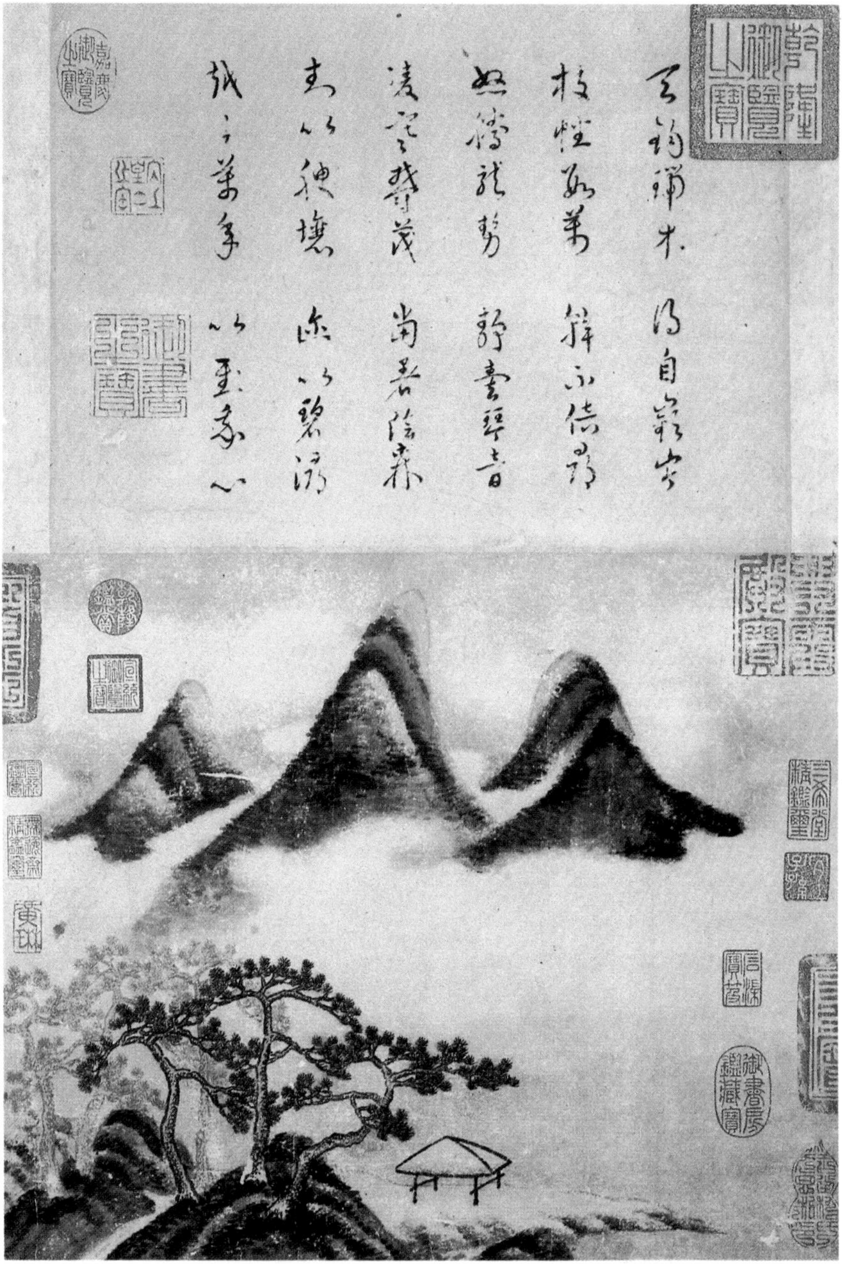

宋　米芾　春山瑞松圖　軸・紙本
62.5×44 cm　國立故宮博物院藏

鄭　　金剛全圖　1734 年作　紙本・淡彩
130.6 × 94.1 cm　湖巖美術館藏

第一章 導 論

一

世界上每個國家都是一樣，地理環境影響民族性格與民族文化，而且可能沒有任何一個國家能單獨形成他自己的文化而不受外來或周邊國家文化的影響。

一個文化發源地區與周邊文化相互溝通，形成一種文化休戚與共的關係，不但確立了該文化區包涵之特性，亦形成各民族文化交流之溶爐。中國是東方文化的搖籃，幾千年以來黃河文化淵遠流長深穩强固地影響着東方鄰近國家的文化。

本來，韓國半島的地形與中國大陸的高山深水險峻地勢不同。韓國雖有五分之四的山嶺，但有不少豐綠肥美的平原，加上四季分明的典型溫帶氣候，自然地理之影響，形成了韓國文化特殊形態和特色。

韓國半島，北有鴨綠江與中國東北接境，西隔黃海與山東、江蘇、浙江爲鄰，南隔大韓海峽遙望日本，形成一天然文化跳板。自古以來，韓國就與中國大陸來往頻繁，無論是官方的使臣往來，民間的商賈交通，中國文化經由這些路線直接間接地傳入韓國，形成特殊的韓國文化後，再直接間接影響日本文化。

二

自古以來，韓國民族對於藝術的審美卽有其獨特的意識和觀念，有關此方面的情形，西方研究韓國文化的學者們曾有客觀的分析，茲引述數家說法於後：

一、前 Honolulu 美術舘長 G. Griping 先生敍述：韓國藝術之美，是一堅實的，直線的與謙虛的，不似中國文化的理智與古典，且沒有日本的技巧。」（註一）

二、G. M. Gompartz 說：「韓國藝術之美，是形與均衡的感覺。」（註二）

三、Evelyn McCune 女士記述：韓國人的藝術世界，表現深入的感情，是保守性與愛自然的（註三）。

四、Seckel 教授理論，認爲韓國人的藝術，是「㈠生命力；㈡沒有造作的自然性；㈢對於技術完全的無關心。」（註四）

日本的著名學者柳宗悅在所著「朝鮮とその藝術」一書中，討論到李朝的藝術，認爲是種「自然的美、自然的藝術」，同時是「線的藝術，而且是悲哀的、寂寥的」。同時比較中、韓、日三民族的美學概念，認爲三者各爲「强勁選擇形，靜寂趣線，安樂要求色。」

以上引述諸人的理論，只是一般普遍的見解看法，其實不盡能表現韓國人的藝術精神和特色。尤其是日本人的韓國美術史觀，是一九一〇年以後在日本統治韓國時代用政治眼光衡量的，不是正確的評價而是歪曲事實的帝國殖民史觀。那時候的情況，正如日本人柳宗悅的文章中所描述，可見一斑，他說：

「由法隆寺與奈良的博物館訪問者能知道，日本的古藝術受思想於韓國，我國展出海外宣揚的國寶中，幾乎沒有不受中韓的恩寵，但是今日日本人報答恩惠的方法是破壞固有韓國美術……我認為日本的正當人道方法是應當保存世界美術中韓國偉大位置的名譽，應該教育他們為『生』的方法，不可為『死』的方法。」

近代以來，韓國本國出現很多新藝術史家，他們以文化創造自身的共同者，從眞實的藝術品作為基礎的藝術史觀點，來探討韓國藝術特質，極有成就和貢獻。

此處便再回顧敍述一下韓國學者的理論。

一、韓國美學家已故高裕燮先生的理論他說：「韓國的藝術之美，是『無技巧的技巧，無計劃的計劃，非整齊性，無關心性』他並且認為『技巧與計劃』是在跟生活分離以前，所發生的表現，也就是具像的生活本身的生活本能的樣式化（註五）。

二、尹喜淳先生的理論—韓國藝術之美不僅是線的美；而且是「線、形、色」的有機構造（註六）。

三、趙要翰先生的理論—韓國藝術是企圖將形、線、色的統一構成，並且由於高貴的單純的設計造形美，而且是種「諧謔美」的，這便是韓國藝術美的特色（註七）。

四、金元龍先生的理論—韓國藝術美的世界，是「自然與無我」的（註八）。

總之，韓國民族就是白衣民族，愛好自然的民族，如果將東方三國的特性作一比喻：中國的高山峻嶺像是古木群；日本像是春天盛開的櫻花群；韓國則可稱爲充滿清芬秀美的菊花的原野。

三

韓國在一九六〇年以後考古學的發掘研究，認定在韓國半島存在舊石器時代文化，雖尚未完成充份完整的資料，但新石器時代的土器與骨刻器，表面雕刻的流行斜文、點列紋等，尚是抽象的與象徵性的幾何形紋樣，由此推測從新石器時代以後到青銅器時代，已有產生正確表現動物、人物以及其他事物粗糙形象的線刻畫。青銅器時代到三國初年的鐵器時代（紀元前一世紀～三百年前頃），中國史書已記述韓國的原始時代，嗣後韓國美術史主格的起源卽從三國時代（高句麗、百濟、新羅）以後開始。

四

一般韓國美術史的分期理論是隨著王朝而劃分的，雖然其中有些差別，但大致是可依歷史而劃分以下五個時代：

一、先史時代（舊石器時代～三國時代以前）

二、三國時代（公元四世紀～七世紀前半期）

三、統一新羅時代（公元六七六～九三五年）

四、高麗時代（公元九四三～一三九二年）

五、朝鮮時代（公元一三九二～一九一〇年）

五

在三國時代，高句麗繪畫尤其發達，可說是韓國繪畫的發源。高句麗古墳壁畫，及百濟繪畫，受中國南朝梁朝繪畫影響比較多（註九）。並在此時，佛教與佛教美術傳入韓國；稍後，再傳到日本。依據「三國史記」記載，公元六五一年在新羅設置「彩典」（一種圖畫署制度），而且「天馬塚」壁畫表現的水準很高，由此可推新羅繪畫的發展情形。而三國時代繪畫對日本美術影響也很大，代表的畫家有高句麗的曇徵和百濟的阿佐太子等。

統一新羅時代國民思想的是佛教思想，而且新羅文化的根本原動力就是佛教。此時藝術已經超越三國美術的古拙風格，趨向追求外形的洗練功夫。當代活動畫家，有率居、靖和、弘繼、金忠義等；而且透過唐張彥遠「歷代名畫記」中記載有金忠義的情形，可以知道他在唐代活動的事實（註一〇）。另外，依據郭若虛「圖畫見聞誌」記述，在唐代貞元年間（公元七八五～八〇五年），新羅人購買周昉的繪畫幾十幅作品帶回國（註一〇）。因此，統一新羅時代是受唐代繪畫影響時期（註一二）。

高麗時代，相當於中國唐末五代。高麗設置「圖畫院」，而除畫院以外，王公士大夫與僧侶等亦從事繪畫活動。高麗佛教美術表現很高的水準，此時期作品並且獲得中國藝評家甚高的評價（註一三）。

高麗從中國五代以後，開始對中國繪畫發生交流，最初受到後梁的影響（註一四）。其後北宋交流加多，特別是徽宗時代顯得十分活躍。依據古史文獻記載，徽宗曾以「秋成欣樂圖」下賜金富軾（註一五）。而在神宗熙寧七年，即高麗文宗二八年，購入許多中國繪畫（註一六）。並於，三八年派使崔忠訓前往北宋國都開封摸寫相國寺壁畫等（註一七）。

宣和六年宋使節團員徐兢來韓著述「高麗圖經」，書中言及他到開城時讚嘆高麗文化。並且依據「高麗史」，睿宗、仁宗時代在畫院中活動畫家李寧隨使臣到宋朝繪製「禮成江圖」，受到徽宗賜賞（註一八）。

南宋時，兩國來往更爲頻繁，由此推測，那時南宋劉、李、馬、夏等院體畫風已小規模傳入韓國。更重要的，是公元一二七九年南宋滅亡以後，南宗畫發源地的江南地方與高麗往來依賴的海上交通，遭到切斷。這是南宗畫傳入韓國，比較晚一點的重要原因之一。另一事實，基於當時政治的關係，高麗的忠宣王在元朝大都建立「萬卷堂」，透過王府的安排，高麗李齊賢（公元一二八七～一三六七年）與元代趙孟頫、朱德潤等著名的文人書畫家往來，從而產生思想交流以及欣賞繪畫作品（註一九）。更可由此推定，那時李郭派畫風與南宗畫風等已傳入韓國。

六

朝鮮時代（公元一三九二～一九一〇年），這是繪畫在韓國美術史上最具發展與最多作品，同時也是現存畫蹟最多的一個時期。

朝鮮時代實施抑佛崇儒政策，使得佛教繪畫沒落，詩、書、畫一體的思想流行於士大夫階級，而王公貴族之間興起三絕的例子也很多。並且從國初設置「圖畫院」，即努力從事各項繪畫分別發展。按初期代表的蒐藏家及書畫家安平大君，蒐藏韓國、中國、日本著名畫家畫蹟有二二二軸之多（註二〇）。可推測當時王公士大夫之間喜書畫情形的一般，此時期東方三國間繪畫交流極爲熱烈。並且公元一四四三年世宗大王創制「訓民正音」，對韓國歷史上偉大的貢獻，當爲以後文化發達的主要根源。

朝鮮時代繪畫史分期方法，目前有許多理論，如下：

一、吳世昌先生方法：

上期：太祖～仁宗

中期：明宗～顯宗

下期：肅宗～哲宗（註二一）

二、劉復烈先生方法：

初葉前期：李王朝初～中宗朝（公元一三九二～一四五一年）

初葉後期：中宗朝末～肅宗朝初（公元一四五一～一六七六年）

中　葉：肅宗朝初～正祖初（公元一六七六～一七八三年）

末　葉：正祖朝初～李王朝末（公元一七八三～一九一〇年）（註二二）。

三、金元龍先生方法：

前期：公元十五～十六世紀

後期：公元十七～十八世紀（註二三）

四、李東洲先生方法：

前期：王朝成立～一六世紀前葉中宗年間

中期：十六世紀中宗末年～十七世紀肅宗年間前半

後期：肅宗年間後半～舊韓末十八，十九世紀（註二四）

五、安輝濬先生方法：

初期：公元一三九二年～一五五〇年頃

中期：公元一五五〇年頃～一七五〇年頃

後期：公元一七〇〇年頃～一八五〇年頃

末期：公元一八五〇年頃～一九一〇年（註二五）

本來美術史劃分方法與政治變革史分期方法並不太相同，美術史的劃分應當以畫風及繪畫理念的變革，爲最重要的依據。朝鮮時代繪畫實在深受中國的影響，所以自中國各種畫派、畫譜、畫論傳入同時期的朝鮮，因而造成相同畫風流行與創作，可以從二者所表現的密切關係上看出。

按本書以上五個劃分方法中，選擇李東洲先生之分期研究，他是依畫風樣式，分前、中、後三階段爲劃分理論的依據。分爲：前期—留存宋、元畫風期間。中期—受明院體及浙派之影響。後期—成立眞景山水與風俗圖及極流行吳派和南宗文人畫風的時期（註二六）。以下詳細記述：

朝鮮前期繪畫與中國的交流中心是明朝燕京，傳入李郭畫風、馬夏畫風、明代院體畫風、浙派畫風、米法山水畫風等，以上幾個自中國來的畫風都對初期畫壇發生影響；而且那時還沒有眞正的南宗定型畫法之傳入。初期的代表畫家是安堅、李上佐、姜熙顏等。例如著名的「夢遊桃園圖」作家安堅，他是深受李郭派繪畫影響的；李上佐「松下步月圖」，是受馬遠畫風明顯的影響；姜熙顏的「高士觀水圖」，則是受浙派思想影響的代表作品。

朝鮮中期發生壬辰倭亂（公元一五九二年）、仁祖反政（公元一六二六年）、丙子胡亂（公元一六二六年）、丁卯胡亂（公元一六二七年）等國內外戰爭。不過，繪畫方面發展從未中斷。接受浙派畫風，初期流傳的安堅畫風，部分的南宗畫風皆有。其中最流行浙派畫風，其代表者有金禔、李慶胤、金明國等。到了十七世紀，則流行明代後半期盛行的「狂態邪學畫風」。而一六四五年，從中國來的明末清初畫院畫家孟永光，逗留朝鮮三年六個月之久，跟朝鮮書畫家及士大夫交遊密切，現在韓國尚流傳收藏有他的幾幅作品，他對此時期畫家應有相當影響（註二七）。

朝鮮後期，相當於清康熙年間後半期。後期發達農業成長自由手工業；而英祖、正祖（公元一七二五～一八三五年）時代流行實學。繪畫方面，浙派畫風退步，南宗畫在朝鮮後期畫壇正式流行；而十八世紀初的謙齋鄭歚（公元一六七五～一七五九年）創始了「眞景山水」，超越以前從中國來的傳統臨模畫法，依韓國的自然景物，成立獨自的風格。又，金弘道與蕙園申潤福創立「風俗畫」，表現韓國民俗風情。這都是韓國美術史上具有極大貢獻的畫家。

清康熙、雍正、乾隆期間，中國繪畫與由於郎世寧、艾啟蒙帶來的西洋結合的畫風，也傳入了後期畫壇，於是出現幾個西洋畫法畫家。同時也傳入元四大家，吳派、四王吳惲畫風等多種南宗定型畫法。尤其是傳來「芥子園畫傳」、「顧氏畫譜」、「佩文齊畫譜」等，引起畫法與理論上盛極一時的南宗畫風。

一般說來，畫史上畫風傳入有下述幾種方式，如：㈠由於畫譜。㈡畫蹟傳入。㈢使臣來往時文物傳入。㈣畫家親臨欣賞眞蹟受到影響等，在朝鮮時代後期畫壇，上述四種條件都已具備。

【注釋】

註一：見金元龍撰「韓國古美術의理解」第十頁。一九八〇年九月，漢城，서울大學校出版部。

註二：見金元龍撰，「韓國美術史」第三頁。一九七三年七月，漢城，汎文社。

註三：見趙要翰撰「藝術哲學」第一七六頁。一九八〇年十月，漢城，經文社。以及詳見「L'Art de la CHINE, de la CORÉE et du JAPON」P7. PETER C, SWANN, LIBRAIRIE LAROUSSE, PARIS,1964

註四：見同註一，第一〇頁。

註五：見高裕燮撰「韓國美術史及美學論考」第四、五頁。一九七九年八月，漢城，通文館。

註六：見尹喜淳撰「朝鮮美術史研究」第三十頁。一九四六年，漢城，서울新聞社。

註七：見趙要翰撰「藝術哲學」第九十三頁。一九八〇年十月，漢城，經文社。

註八：見金元龍撰「韓國美의探究」第二六頁。一九七九年九月，漢城，悅話堂。

註　九：「梁書」卷五四、列傳云：「中大通六年天同六年累遣使獻方物幷請涅槃等經義毛詩博士幷工匠畫師等勅竝給之。」

註一〇：張彥遠撰「歷代名畫記」卷九云：「孫仁貴德宗朝將軍金忠義皆巧絕過人此輩並學畫迹皆精妙格不甚高……。」

註一一：郭若虛撰「圖畫見聞誌」卷五云：「貞元間（公元七八五～八〇五年）新羅人以善價收置數十卷持歸本國。」

註一二：詳見崔炳植撰「新羅文物」，載於「美哉中華」第一五一號第二四頁。民國七十年五月，台北，美哉中華畫報月刊社。

註一三：湯垕撰「古今畫鑑」外國畫條云：「高麗畫觀音像甚工其源唐尉遲乙僧筆意流而至于纖麗。而參照夏文彥「圖繪寶鑑」卷六外國條。

註一四：「高麗史」卷一太祖六年條云：「夏六月癸未，福府卿尹質使梁，還獻五百羅漢畫像，命置于海州嵩山寺。」

註一五：「海東繹史」卷四十六云：「宋政和中高麗遣使金富軾來貢徽宗賜其使「秋成欣樂圖」。

註一六：「海東繹史」卷四十六所仍圖畫見聞記所載云：「熙寧甲寅歲遣使金良鑑入貢訪求中國圖畫銳意購求稍精者十無一二然猶費三百餘緡。」

註一七：「海東繹史」卷四十六云：「丙冬復遣使崔忠訓入貢因將帶畫工數人奏請摹寫相國寺壁畫歸國詔許之於是盡之持歸其模畫人頗有精於工法者。」

註一八：「高麗史」卷一二二，列傳第三五「方技」云：「李寧全卅人，少以畫知名，仁宗朝（公元一一二二～一一四六）隨樞密使李資德入宋，徽宗命翰林待詔王可訓、陳德之、田宗仁、趙守宗等從寧學畫，且勅寧畫本國「禮成江圖」，既進，徽宗嗟賞日；比來高麗畫工隨使至者多矣，唯寧爲妙手，賜酒食錦綺綾絹，寧少師內展崇班李俊異，俊異妬後進……。」

註一九：「高麗史」卷三十四，忠宣王五年條云：「忠肅王元年帝命王（忠宣王）留京師，王構萬卷堂于燕邸，招致大儒閻復姚燧趙孟頫虞集等，與之從遊，以考究自娛。」

註二〇：依申叔舟「保閑齊集」卷十四，安平大君收藏畫蹟中郭熙十七幅，蘇東坡四幅，趙孟頫書二十六、墨竹二幅。日本鐵關二幅等收藏。

註二一：見吳世昌撰「槿域書畫徵」。一九七〇年四月，漢城，普文書店。
註二二：見劉復烈撰「韓國繪畫大觀」第十一頁。一九七七年五月，漢城，文教院。
註二三：見金元龍撰「韓國美術史」第三四七頁。一九六八年四月，漢城，汎文社。
註二四：見李東洲撰「韓國繪畫小史」第九九頁。一九七二年四月，漢城，瑞文堂。
註二五：見安輝濬撰「韓國繪畫史」第一五四、一五五頁。一九八〇年七月，漢城，一志社。
註二六：詳見崔炳植撰「韓國李朝繪畫」，載於同註十二。一五五號第三〇頁。民國七十年九月。
註二七：詳見安輝濬撰「來朝中國人畫家孟永光에對하여」，載於「全海宗博士華甲紀念史學論叢」第六七七～六九八頁。一九七九年，漢城，全海宗博士華甲紀念史學論叢編輯委員會編，一潮閣發行。以及許英恒撰「孟永光의花鳥圖」，載於「月刊文化財」十月號第四頁～九頁。一九八〇年十月，漢城，月刊文化財社。

第二章　南宗畫之成立

第一節　南北分宗之起源

一、分宗論之創立

在中國繪畫史中，從明末以後始有南北分宗之說，如莫是龍、董其昌、陳繼儒等，即是區分中國山水畫爲南北二宗主張者。在他們的倡導下，形成南北宗的概說法，而在明末以前並無這種分宗的理論。宋郭若虛「圖畫見聞誌」云：

「畫山水惟營丘李成，長安關仝，華原范寬，智妙入神，才高出類，三家鼎峙，百代標程，前古雖有傳世可見者，如王維、李思訓、荊浩之倫，豈能方駕。」（註一）

由此，可知在宋朝尚無分宗的理論，只有對於畫家之平列記述而已。又「宣和書譜」云：

「自唐至宋朝，以畫山水得名者類非畫家者流，而多出縉紳士大夫……唐有李思訓、盧鴻、王維、張璪，五代有荊浩、關仝，是皆不獨畫造其妙，而人品甚高若不可及……。」

按當時名家中，以李思訓爲諸人之首，而沒有派別之分，至於明末，才興立南北宗派之論。首先看莫是龍的倡始論：

「禪家有南北二宗，唐時始分。畫之南北二宗，亦唐時始分也；北宗則李思訓父子着色山水，流傳而爲宋之趙幹、趙伯駒、伯驌，以至馬遠、夏珪輩。南宗則王摩詰始用渲淡，一變鉤斫之法，其傳爲張璪、荆、關、郭忠恕、董、巨、米家父子、以至元之四大家。」（註二）

又董其昌云：

「禪家有南北二宗，唐時始分。畫之南北二宗，亦唐時分也，但其人非南北耳。北宗則李思訓父子着色山水，流傳而爲宋之趙幹、趙伯駒、伯驌、至馬、夏輩。南宗則王摩詰始用渲淡，一變鉤斫之法，其傳乃張璪、荆、關、郭忠恕、董、巨、米家父子、以至元四大家。亦如六祖之後有馬駒、雲門、臨濟兒孫之盛，而北宗微矣。要之，摩詰所謂：『雲峰石迹，迥出天機，筆意縱橫，參乎造化』者。東坡贊吳道子、王維畫壁云：『吾於維也無間言』，知言哉。」（註三）。

又陳繼儒云：

「山水畫自唐始變，蓋有兩宗：李思訓、王維是也。李之傳爲宋王詵、郭熙、張擇端、趙伯駒、伯驌以及於李唐、劉松年、馬遠、夏珪皆李派。王之傳爲荆浩、關仝、李成、李公麟、范寬、董源、巨然以及於燕肅、趙令穰，元四大家皆王派。李派板細無士氣，王派虛和蕭散，此又慧能之禪，非神秀所及也。至鄭虔、盧鴻一、張志和、郭忠恕、大小米、馬和之、高克恭、倪瓚輩，又如方外不食烟火人，另具一骨相者。」（註四）

由此觀之，莫、董、陳氏論調大同小異，雖有少許不同，但在根本上却是完全一樣的。依三氏理論，南北宗不同處是借用佛教禪學的南北分宗，卽南頓北漸禪宗之形勢。以「着色山水」、「鈎斫」的青綠工整爲北宗漸敎。而「水墨渲淡」「變鈎斫」的水墨山水爲南宗頓敎，這卽是北宗以李思訓父子金碧輝映，富麗堂皇風格爲主的「金碧山水」，而南宗爲王維所謂的「夫畫道之中，水墨爲上」（註五）的水墨山水。

莫、董、陳三家論述雖然不一致，不過我們可整理出其根本的共通點──㈠南北分宗之淵源可追溯至唐代。㈡共同引用禪家兩宗之論法。㈢王維是南宗之祖，李思訓是北宗之祖。㈣南宗的地位比北宗優秀等。

那麼，這分宗論之最初提倡者究竟是誰？又成立於怎麼樣的時代背景之下？我們首先看分宗論者們的互相關係。

莫是龍，華亭人，僑寓上海，得米海嶽石刻「雲卿」二字，因此爲字，後以字行，更字廷韓，號秋水、後明。生年不可考，卒於萬曆十五（公元一五八七）年。八歲讀書，目下數行，十歲屬文，有聖童之稱，畫山水宗元黃大癡。揮染時磊磊落落、鬱鬱葱葱。著有「畫說」。

董其昌，華亭人，字玄宰，號思白。生於嘉靖三十四（公元一五五五）年，卒於崇禎九（公元一六三六）年，享年八十二歲，官至南京禮部尙書，謚文敏。善書畫，宗北苑、巨然、黃子久等（圖一）。甚受顧正誼、莫如忠之影響。著有「畫禪室隨筆」、「畫旨」、「畫眼」、「鈎玄提要」等。

陳繼儒。華亭人，字仲醇，號麋公、眉公，生於嘉靖三十七（公元一五五八）年，卒於崇禎十二（公元一六三九）年，享年八十二歲。二十九歲焚儒衣冠，善詩、書、畫，涉筆草草，蒼老透逸。著有「明書畫史」「眉公秘笈」「妮古錄」「書畫金湯」等。

由此可知，三人都是華亭人，而且他們互爲好朋友，所以後人並稱爲「華亭三大名士」。然而，董其昌少時附讀於莫氏家塾，以父事莫如忠，以兄事莫是龍，而少是龍約十八歲時，自二十三歲始學畫。依「無聲詩史」卷三謂莫是龍「得幽疾以死，享年不滿五秩」（註六），莫是龍去逝時，董其昌三十八歲。

他們活躍的年代，正值晚明資本主義興起的時候，因此刺激了藝術品的購買力，於是藝術市場蓬勃發展，各種畫派與收藏組織隨之產生，並且競爭激烈，皆冀求在畫壇上建立一立足之地。

而當時的畫壇又可分爲院內與院外兩派，亦卽浙派與吳派。這是所謂「利家」與「行家」或「隸家」的兩大繪畫勢力。兩者中，前者是代表興盛時代的富麗豪放之氣，後者是代表晚明之氣勢愈衰的、含有反封建、反統治的進步主義。這種時代的形勢，以後引起新興的與陳腐的，嚴整的與瀟洒的，峻偉雄壯與平遠幽淡的風格競爭。而用筆、墨色之間的鬪爭，水墨與色彩，寫意與工筆的競爭（註七）。

換言之，關於分宗論之最初創始的問題，却都模糊不清。童書業先生「中國山水畫南北分宗說辨

偈」云

「自從莫是龍提出山水畫分南北兩宗的說法以後，跟著董其昌便襲取了它……。」（註八）

張思珂先生都是歸董其昌「論畫家之南北宗」云：

「莫氏亦似無倡南北宗說之可能。」（註九）

OSVALD SIRÉN 在「CHINESE PAINTING」V 亦認爲南北分宗之論及「華亭三友」的一些特殊美學觀，的確應爲莫是龍所創，莫是龍在「華亭三友」中年紀最長，且又早逝，故董其昌與陳繼儒均可能受其「畫說」之影響（註一〇）。

又近人徐復觀先生在「中國藝術精神」云：

「係畫說抄自畫旨，決非畫旨襲取畫說。」（註一一）

由此，各已論法不同，但其中童書業先生與OSVALD SIRÉN先生的看法是可相同的，卽莫是龍先倡分宗論，然後，董氏與陳氏爲抄寫的，這是很可能的事實。

而董其昌分宗論屬於事實，由以下可知：

「李昭道一派，爲趙伯駒、伯驌，精工之極，又有士氣。後人仿之者，得其工，不能得其雅……蓋五百年而有仇實父，在昔文太史亟相推服……實父作畫時，耳不聞鼓吹闐駢之聲，如隔壁釵釧不顧，其術亦近苦矣。行年五十，方知此一派畫殊不可習……。」（註一二）

按此可知董其昌五十歲以前曾習李昭道、仇英之精工派；五十歲以後才深覺不可習而棄去。由此推知董其昌的分宗論提倡時期，是在莫是龍去逝以後十餘年以後。所以如果莫是龍生前主張分宗論，自然是最初展開「南北分宗論」者。尙南貶北論之起源亦歸莫是龍。莫是龍於其「畫說」云：

「畫之道，所謂以宇宙在乎者，眼前無非生機，故其人往往多壽，至如刻畫細碎，爲造物役者，乃能損壽，蓋無生機也。黃子久、沈石田、文徵仲皆大耋，仇英短命，趙吳興止六十餘，仇與趙雖品格不同，皆習者之流，非以畫爲奇、以畫爲樂者也。寄樂于畫，自黃公望始開此門庭耳。」

由上一段話，可知他以自己的偏好，敍述南北兩宗的分類，認爲以細碎筆法爲主的北宗畫家大多短命早逝，如趙吳興、仇英；而「宇宙在乎者」如黃子久、沈石田、文徵明等，以「畫爲樂者」的南宗畫家，却多能長壽，遂由此做爲分宗之基準。

由此，南北分宗論强烈攻擊浙派，畫院畫家卽職業畫家，因爲他們充分發揮政治的巨大力量與主導新思潮革命運動之長處，漸盛「利家」中心主義。也形成中國山水畫之正派與邪派畫風，主導以後約三百餘年間中國山水畫史。

華亭三友的南北分宗論，並不是完全無根據的，也有許多道理。但是因爲他們以太濃厚的偏見與非合理的論斷的方法，强烈主張自我藝術世界之論理。這是以後引起對後世繪畫歷史巨大錯誤。

那麼，以下爲仔細分述兩宗技法、地域的問題，而表現在花鳥畫之兩派情形：

二、南北宗之畫法上比較

唐代以來中國繪畫潮流，雖然有許多畫派，所謂稱爲「南宗」與「北宗」兩者，形成巨大的南北畫派。其畫風之間有許多不同處。但這絕不是固定的法則的，只是一般的趨勢而已。

以下是兩宗之簡略比較：

一、南宗—以「水墨、渲淡」—「筆」爲主。

北宗—以「着色、鈎斫」—「色」爲主。

二、南宗—喜用「披麻皴」、「米點皴」、「解索皴」、「折帶皴」等。

北宗—喜用「大小斧劈皴」、「鬼面」等。

三、南宗—採用書法上的藏鋒、中鋒、拙、留、頓斂等。

北宗—用筆比較單純。

四、南宗—多用淡墨、渴筆、破墨、暈染等。

北宗—多用濕筆墨色。

五、南宗—筆墨融合統一。

北宗—强調筆意，墨法較單純，小變化。

六、南宗—皴擦點染是交錯進行的。

北宗—鈎、斫、皴、擦一般不交錯進行。

七、南宗—形：是逐步深入，逐漸完成。

北宗—形：幾乎在落線的同時，就一次确立了。

八、南宗—樹葉點法很多，可以互相疊壓，效果渾厚、自然。

北宗—樹葉多用夾葉塡色，點法較少，效果淸麗，富於裝飾趣味。

九、南宗—多用苔點。

北宗—較少用苔點。

十、南宗—山石：以簡爲尙，變化不大，主要在於取勢。

北宗—山石：以繁復變化爲尙，主要在於取形。

十一、南宗—屋宇、舟車、人馬，多是隨意點綴，漫不經意，率簡自然。

北宗—屋宇、舟車、人馬，多極整密細，特別是臺閣畫，更爲整細。

十二、南宗—多用紙。

北宗—多用絹（偶用熟紙）。

十三、南宗—技法穩和、曲線的、寫意的。

北宗—技法硬直、直線的、精緻的。

十四、南宗—風格超然、野逸。

北宗—風格嚴然、威儀。（註一三）

由此可知，兩宗之畫法不同處。但是古代以來在中國繪畫史上也有許多兼善兩宗之法者。因此，這兩者不是相對的關係，不必强論何者優先。

三、南北宗之地域上問題

無論那個國家、那個時代，歷史文化的成長與其地理環境都有極密切的關係，因此繪畫風格的形成也必與山川氣候的條件有關，尤其是中國大陸幅原廣大，因此依地理、人情、風俗和言語的差異來區分，可分別爲「南北」兩大區域，各以黃河流域和長江流域爲中心，孕育出種種迥異的文化思想。這種南北不同的自然、人文的差異，便是以下逐一探討之差異之所在，及南北分宗論者所持之觀念。

中國古代文化之起源在北方，到了三國時代開始向南方移動，移往長江下游南岸地方，即現在南京與蘇州一帶。江南水土柔和，其音清舉而切詣，失去浮淺，其辭多鄙；北方之山川深厚，其音濁而訛鈍，得其質直，其辭多古語。然冠冕君子，南方爲優；閭里小人，北方爲愈。以下綜合比較記述南北方之特性，陳序經「中國南北文化觀」中云：

「北方沙土，歲不桃濬，夏秋陰雨，水道淤塞，水無所儲，民罹其害。……北方畝數大南方倍蓰，……南方耕田，按其時以致民力，北方之田每至播穀輒下稻，聽其成熟，民皆游手無所事。」（註一四）

然而，在思想上的分岐，北方發爲孔、孟思想；南方形成老、莊學說。在文學方面，北方產生詩經；南方出現楚辭。而北方人性格偏重現實的、意志的、重視制度與禮樂。南方人性格則偏向瞑想的、感情的，不受羈束規律，超越政治文化的範疇。

以下再明顯的比較兩者思想上的基本差異：

北方：宗實際	南方：宗虛想
主力行	主無爲
貴人事	貴出世
明政法	明哲理
重階級	重平等
重經驗	重創造
喜保守	喜破壞
主勉强	明自然
畏天	任天
言排外	言無我
貴自强	貴謙弱

（註一五）

又佛學亦因地域的不同而有所差別，禪家遂分二宗，一者是神秀的「漸悟」稱爲北宗；一者是六祖慧能的「頓悟」稱爲南宗。梁啟超先生對佛學的分宗云：

「隋唐之際，宗風極盛，天台、法相、華嚴三宗，皆起於此；陳義閎深，說法博辯，而修證之法。一務實踐，疏釋之書，動輒汗牛，其學說與北朝經生頗相近似。惟禪宗獨起於南，號稱教

外別傳，達摩入中國首爲梁武所皈依，黃梅大鑑，開山吳越，專憑悟證，不依文字，蓋與考莊陸王，頗符契焉。」（註一六）

由此可知，中國因地理人文環境的不同，而形成思想上極大的差異，這對繪畫也產生很大的影響。而且與黃河流域之文化，由北向南發展情形一樣，在繪畫發展上也是北宗崛起在先。

至若藝術上南北的差異若何？首先談書法的差別：北方注重碑學，南方注重帖學。南帖爲圓筆之宗，北碑爲方筆之祖。而北碑遒健雄渾，峻峭方整，以龍門二十品，爨龍顏碑、弔比干支等爲代表；南帖秀逸搖曳，含蓄瀟洒，以蘭亭、洛神、淳化閣帖等爲代表（註一七）。在繪畫上，江南有陸探微，梁張僧繇，主張六法的名畫論家謝赫；而五代南唐建都的建康（即現在南京），出生董源、巨然等人；由揚子江邊至「蜀」一帶，給中國山水畫家提供了無限的好畫材。沈宗騫對南北山水云：

「南方山水，蘊藉而縈紆，人生其間，得氣之正者爲溫潤和雅，其偏者，則輕佻浮薄。北方山水寄傑而雄厚，人生其間，得氣之正者爲剛健爽直，其偏，則麤厲強橫，此自然之理也。於是率其性，而發爲筆墨，遂亦有南北之殊焉。」（註一八）

但是這種南北之間地域的相差，由於朝代的變換、分合，南北思想亦相互交流融合。所以有學者主張，南北地域的差異，只限於「先秦」與「南北朝」時代。不過，在廣大的中國大陸，超越地域形勢、文化、思想之統一問題，雖然不是決定性的規律，是絕不可完全合一。下面兩句話中可發現中國人的腦裡深浸之例：

「胡馬慕北風，越鳥巢南枝」

「若越人之視，秦人之肥瘠」

但以歷史的變遷，兩者之間有著愼密的思想交流與文化融合，這是自然的趨勢，並且也是重要的事實。另外，雖然同樣的背景下生長，但也可產生完全不同的自己觀念。這是因就每個人的自我意境範疇，是無限的。最好的證例就是王維與李思訓之關係。王維是山西太原人，和李思訓雖同爲北方人，但二人的思想却不大相同。這可由王維個人的哲學思想、宗敎、師承關係、當時的時代背景……之中，考察得知。李思訓活動時期是盛唐黃金時期；王維活動時期是安史之亂以後淒涼之時期。這也是他們觀念相異的基本原因之一。

此外，明末分宗論者的對地域的觀念如何呢？董其昌認爲畫風與地域並無關係。董氏云：

「元四大家，浙人居其三。王叔明湖州人，黃子久衢州人，吳仲圭錢塘人。惟倪元鎭無錫人耳，江山靈氣盛衰故有時，國朝各手僅戴進爲武林人，已有浙派之目，不知趙吳興亦浙人……。」

（註一九）

而他的「其人非南北」，明顯表現南北分宗與地域的觀念之無關。董氏把南宗畫家，無論南北，均列入「利家」。把李思訓的來浙派之許多南方畫家，也都列爲「行家」。

不過，在他的另外一段文章中，則又肯定了畫家與自然環境的關係。董氏又云：

「李思訓寫海外山。董源寫江南山。米元暉寫南徐山。李唐寫中州山。馬遠、夏珪寫錢塘山。

趙吳興寫苕霅山。黃子久寫海虞山。若夫方壺蓬閬，必有羽人傳照，余以意之，未知似否。」（註二〇）

但依文獻資料，董氏未激烈主張畫家之籍貫問題。只重以南頓北漸禪家思想，分類兩宗畫家。不過，古代以來，「南」與「北」兩派之繪畫關係，雖然並不是決定性的事實，以兩派之畫家分布與其傾向考察與分析，可獲知其兩者性格的差別。以下記述兩派畫家之分布圖表如：

北派

隋代—展子虔（渤海）
唐代—閻立本
　　　吳道子（洛陽）
　　　李思訓
　　　王維（山西太原）
　　　鄭虔（鄭州滎陽）
　　　周昉（長安）
　　　韓幹（陝西藍田）
　　　郭忠恕（洛陽）
五代—荊浩（河南沁水）

南派

晉　—顧愷之（晉陵無錫）
南朝—陸探微（吳）
梁　—張僧繇（吳）
唐代—張璪（吳郡）
五代—董源（鍾陵）
　　　巨然（江寧）
宋代—劉松年（錢塘）
　　　馬遠（河中、僑民杭州、所以也稱錢塘人）
　　　夏珪（錢塘）
元代—趙孟頫（涿郡、居湖州）

關仝（梁）

宋代—范寬（華原）

李成（營丘）

郭熙（河南溫縣）

李唐（河陽三城）

米芾（世居太原，後遷襄陽、潤州）

黃公望（江蘇常熟）

王蒙（浙江吳興）

吳鎮（嘉興魏塘）

倪瓚（江蘇無錫）

明代—戴進（錢塘）

沈周（蘇州長洲）

吳偉（江夏）

唐寅（吳）

文徵明（長州）

仇英（太倉，移居吳縣）

徐渭（山陰）

董其昌（華亭）

藍瑛（錢塘）

由上述所舉畫家之籍貫情形，可以明顯看出，在唐代江南派畫家極少，元代以後則江北派畫家極少的事實。南方繪畫至唐代末始活潑的原因，是因爲唐代時北方爲中國文化發展主要地，但經過五代董、巨以及宋代而至於元季，逐漸演變成南方中心的形勢，於是蔚成所謂南宗爲主的繪畫形態。然後到了明代，吳派與浙派之對立，而兩者都產生在江南地方。此一地域特色始已完全不存在。

總之，南北宗與地理的問題，或歸納以下簡明的結論如：

一、董氏一派的分宗論、與地理的問題，有時明顯的關係主張。

二、在中國南北山水畫發展史上，地域雖不是決定的因素，以地理的條件，其南北分宗亦能找到理論的根據。

三、但無論地理的條件如何，因爲個人的藝術心理與宗教、師承、時代背景等，同一條件下也可以產生各自不同的藝術意境。

四、中國繪畫史自元代以後，江南地域畫派完全成爲發展的主導。原因之一是，江南地域中江蘇、浙江省附近具有豐富的自然景緻、社會條件等，極適合繪畫的發展。

四、花鳥畫之兩宗

中國花鳥畫，自晚唐刁光胤發揚光大，五代前蜀的黃筌與南唐的徐熙蔚成兩大主流，前者稱爲「黃派」；後者稱爲「徐派」。清鄒一桂云：

「五代徐熙、黃筌，各工花鳥，各盛一時。宋開畫院，南北兩朝，能手甚多，而皆以徐、黃爲宗派，元時僧祖述之。至明，而繪畫一變山水、花鳥，皆從簡易，而古法亦髦矣！」

黃筌，字要叔，四川成都人。生於唐昭宗天復三（公元九〇三）年（註二二），兼善花鳥、人物、山水，從少年至晚年一直供奉宮廷繪畫。畫法妙在傅色，用筆極精細，以淡墨鉤勒輪廓線條，再用色彩塡染之，所謂「雙鈎塡彩」法，古今有名。他多寫禁籞所有珍禽瑞鳥、奇花怪石、桃花鷹、純白雉兎、孔雀、龜等。畫法得心應手，穠艷生動、富麗堂皇。劉道醇「聖朝名畫記」云：

「黃筌老於丹青之學，命筆皆妙，誠西州之能士，可列神品。」

這種骨氣尙豐滿而天水分色之「黃家富貴」花鳥畫，代表了院體派，畫法直接衣鉢的有居寶、居實、居寀三孫，對後代影響鉅大。

徐熙，南唐鍾陵人，生平不可考。他不善富麗香艷的院體畫，畫法不華不墨，卷直疊色漬染，畫格細細相成，曄曄灼灼之境，莊重嚴律的古今絕筆。他是超然野逸之江南居士，志節高邁、放遠不羈，多寫江湖所有汀花野竹、水鳥淵魚、叢艷折枝、園蔬藥苗等。蘇軾對徐熙繪畫題詩云：

「徐熙畫花，落筆縱橫，其子崇嗣變格，以五色染就，不見筆迹，謂之沒骨花。蜀趙昌蓋用此法耳。」

徐熙之子徐崇嗣，剏造新意，不用描寫，以至離披傳習限制，連崇勳、崇矩徐氏一家形成「沒骨花卉法」。

所謂「沒骨法」，全用彩色渲淡，不用墨筆鈎勒。就取布彩、傅彩暈淡、渲染、彩繪、傅色、漬染、點染。及無筆墨、無筆墨骨氣、不用墨筆、不落墨、不墨、不用描寫，就不用墨筆鈎勒輪廓。而先用墨筆鈎勒，後以彩色渲染爲「鈎勒法」，或「有骨法」。徐熙之畫風傳授，除了三孫以外，在北宋、明、清代花鳥畫風影響極大，其中宋代畫家如趙昌、易元吉、崔白、崔慤、吳元瑜、徽宗、李迪、林椿、陳珍、牧谿、曹訪、王友端等，元代有錢選、顧瑛、趙孟堅等，明代有周之冕、陸治等，清代有惲壽平、鄒一桂等等（註二二）。因院內之代表爲黃筌，院外之代表爲徐熙。正好與山水畫的南北宗相呼應，卽黃派北宗，徐派南宗（註二三）。

第二節 禪宗與南宗思想

禪宗對中國繪畫之影響極大。自古以來在禪院大部份使用墨跡文書，並以此爲修養心性的方法之一。由於禪僧必須使用書法，以及水墨方面的磨練，所以有許多禪僧身分的水墨與書法之大家，墨跡卽是他們超越現世「空」「虛」境地之表現。這就是寂靜的無我之境，而進入最觀照象態。「禪」的特性，在探尋萬象的本質，而吾心與宇宙合一，這兩者之間的和諧產生非常的象徵，心境透過此一象徵，表現於山水之中，於是山水成爲某種心境的表現（註二四）。水墨的表現，必須對自然萬物有徹底的洞察，這是非常個人主義的抽象的表現方法。並且水墨的根源含蘊著萬物的色彩，筆畫也含蘊著萬物之形象。

日本人鈴木大拙云：

「藝術家的世界是一個自由創造的世界，而這個世界只能產生於當下直接起於事物等等之相的直觀，不會受到感官和理智的障礙，他從無形象和無聲音中創造形象和聲音在這個範圍以內說，藝術家的世界和禪的世界是一致的。」

蓋中國禪宗起源於第二十八代祖師菩提達摩，於南朝梁武帝東來大通元（公元五二七）年（註二五），由南印度渡海至中土，達摩以壁觀教人安，主張外止諸緣，內心無喘，心爲牆壁，以入於道，相傳爲達摩之著的有二入四行思想。行入是藉實踐以體有理入之理，而報怨行、隨緣行、無所求行、稱法行等四行，卽在陳述行入之法（註二六）。以後祖宗繼承二祖慧可、三祖僧璨、四祖道信、五祖弘忍（生於隋文帝仁壽二（公元六〇二）年，卒於唐高宗上元二（公元六七五）年，享年七十四歲）。

弘忍禪師有一天，因爲衣鉢的時期已經到，始召集學生僧，然後使各人隨意口述一偈，若語意冥符，則衣法皆付。那時弟子僧有七百餘，其中僧神秀最上座，他在五十歲宗師弘忍禪師以前已經精通儒、佛、道三教修行六年。神秀在廊壁書一偈云：

「身是菩提樹，心如明鏡臺，朝朝勤拂拭，莫使惹塵埃。」

弘忍看神秀的偈子以後，不禁大爲失望，弘忍使叫神秀再寫一首，但是過了幾天也寫不出來，那時候有一個碓米的小和尚寫一偈云：

「菩提本無樹，明鏡亦非臺，本來無一物，何處惹塵埃。」

弘忍看到他的一首偈以後大驚異，但因深怕有人妒害他，隔天深夜便把衣鉢及頓教的法門傳給他，這就誕生了「禪宗六祖」，他就是「慧能」，當時二三歲，時在公元六六一年。

慧能生於公元六三八年，卒於七一三年，年七十六歲（註二七）。他幼年時喪父，賣材養母，聞客誦金剛經，而無師獨悟卽頓悟。慧能傳得衣鉢以後伸張南宗勢力，北宗自義福、普寂去逝以後漸次衰落，南宗遂成一枝獨秀。以下面幾首偈，可知禪宗之思想：

初祖達摩禪師云：

「吾本來玆土，傳法救迷情，一花開五葉，結果自然成。」

第二祖慧可禪師云：

「本來緣有地，因地種華生。本來無有種，華亦不曾生。」

第三祖僧璨禪師云：

「華種雖因地，從地種華生。若無人下種，花地盡無生。」

第四祖道信禪師云：

「華種有生性，因地華生生。大緣與信合，當生生不生。」

第五祖弘忍禪師云：

「有情來下種，因地果還生。無情既無種，無性亦無性。」

第六祖慧能禪師云：

「心地含諸種，普雨悉皆生。頓悟華情已，菩提果自成。」（註二八）

而本來達摩所傳的「教外別傳、不立文字、直指人心、見性成佛」，就是慧能的基本思想，而傳統佛學都歸依佛、法、僧的三寶。但慧能却歸依覺、正、淨的三寶。這是一種佛理的革命，即「內調之性，外敬他人，是自歸依也」。由此，自性根本絕對的，是超越時空的，一切言語所能表達的屬性（註二九）。

神秀爲北人，演法在江北，是爲「漸進」的北宗；慧能演法在嶺南，是爲頓悟的南宗，神秀主張積行修學，由小果迴入大乘，而至佛果；慧能主張直聞大乘、行大法、證佛果。神秀與慧能唯一不同處，卽在於漸悟與頓悟。

慧能建立了寶林寺，說法三十六年，公元七一三年逝世，以後他的佛禪宗思想傳四十三弟子；其中慧能最賞愛者是：

一、南嶽懷讓（公元六七七～七四四年）
二、青原行思（卒於公元七〇四年）
三、永嘉玄覺（公元六六五～七一三年）
四、南陽慧忠（公元六七七～七七五年）
五、荷澤神會（公元六七〇～七五八年）

由上可知禪家南宗之概略趨勢。中國繪畫與禪宗之因緣實在深遠，南宗之祖的王維也受禪家影響極大。王維不但篤信佛法，對於禪宗教法亦深能解悟，然而反應他的繪畫意境，却是超然灑脫，靜逸清眞，妙悟見性的藝境。

王維本來先深求佛敎，「俯伏受教」於長安大薦福寺的大德道光禪師之座下長達十年，而道光禪師又曾得五台山的寶鑑禪師，他本是禪宗南支裏的未度弟子。

王維的先道後佛，在畫風也有很大的關係，卽先接受李思訓的敷色艷麗畫風，以後曾接受吳道子的水墨法（註三〇）。

然而，宋代禪學的興隆促進了道學發展，並且也影響到文學批評的範圍。而禪詩解譯，以宋代嚴滄浪爲始祖，也影響於胡應麟、王世貞、王院亭等，這種禪學的極盛潮流對繪畫世界也有影響，卽發生「畫三昧」「禪三昧」思想。這種趨勢產生了繪畫上的南宗與北宗。卽明末萬曆年間以董其昌一派之「分宗論」，導致了繪畫上的最初南北遂分。

董氏等分宗論者的活動時期，相當於禪學之極盛時期，董氏與當時狂禪的中心人物李贄（註三一）相交甚歡。董氏題跋云：

「惠崇、巨然，皆僧中之畫禪也。惠崇如神秀，巨然如惠能。南能北秀，二宗各有意趣。」

又「容台集」云：

「達觀禪師，初至雲間，余時爲書生，與會於積德方丈，越三日，觀師過訪，稽首請余爲思大禪師大乘止觀序，曰王廷尉妙於文章、陸宗伯深於禪理，合之雙美，離之兩傷，道人於子有厚望耳，余自此始沉醉內典參究宗乘後得密藏激揚稍有所契。」（註三二）

由此，可知董其昌與禪宗的密切關係，他的禪就是南宗的「頓悟」，在繪畫世界受到深刻的影響。

對董氏的禪學方法也在「容台集」云：

「余始參竹篦子話，久未有契，一日於舟中臥，念香嚴擊竹因緣，似乎敲舟中張布帆竹，瞥然有省，自此不疑。」（註三三）

董氏在書法上也接受了禪家思想，卽書法該寫活字，活字者筆法墨法從古人，而臨古字死字者，「鐫石鋟版，流傳於世者」，卽則僅存古人貌也。他對書法的筆墨云：

「莊子述，齊候讀書有訶，以爲古人之糟粕，禪家亦云，須參活句，不參死句，書家有筆法、有墨法，性晉唐人眞跡，具是三昧，其鐫石鋟版，流傳於世者，所謂死句也。學書者旣從眞跡得其用筆用墨之法，然後臨仿古帖，卽死句亦活，不犯刻畫重儓之誚，方契斲輪之意。」（註三四）

董氏的這種理論與禪學更相近，在繪畫之南北分宗時也明顯可見，他在「畫禪室隨筆」云：

「禪家有南北二宗，唐時始分。畫之南北二宗，亦唐時分也……。」

明末分宗論者中除了董氏，陳繼儒也甚受禪家思想之影響。他引用禪宗的遂分事實，展開畫論，陳氏云：

「山水畫自唐始變古法，蓋有兩宗……。此又慧能之禪，非神秀所及也。至於郭忠恕……。」（註三五）

按以上記述，可推知南宗之禪家與南宗思想的關係，這與禪家文學也極相近，如「萬古長空；一草原月」一詩含，表現萬化的靜寂中在一躍動之間，發生了形、色、生命等人的一切思考。這是卽興的、剎那的表現方法，而且胸中極度積蓄的心境，有時表現自己最終決定的無限形態，實在無我之境的世界。下面王維一首偈是禪僧們最喜愛的偈中之一首，如：

「行到水窮處、坐看雲起時。」

在這偈有一位禪僧加一首偈：

「未能行到水窮處，難解坐看雲起時。」

又一首偈也非常蓄蘊禪家文學思想：

「寂寞古池塘、
青蛙躍入水中央、
發刺一聲響。」

總之，禪家南宗思想與求寂、枯淡蕭散、解衣槃礴之繪畫與南宗境地極相同，其兩者的「空虛」意境，在中國繪畫史中是非常重要的思想。

禪宗師承圖

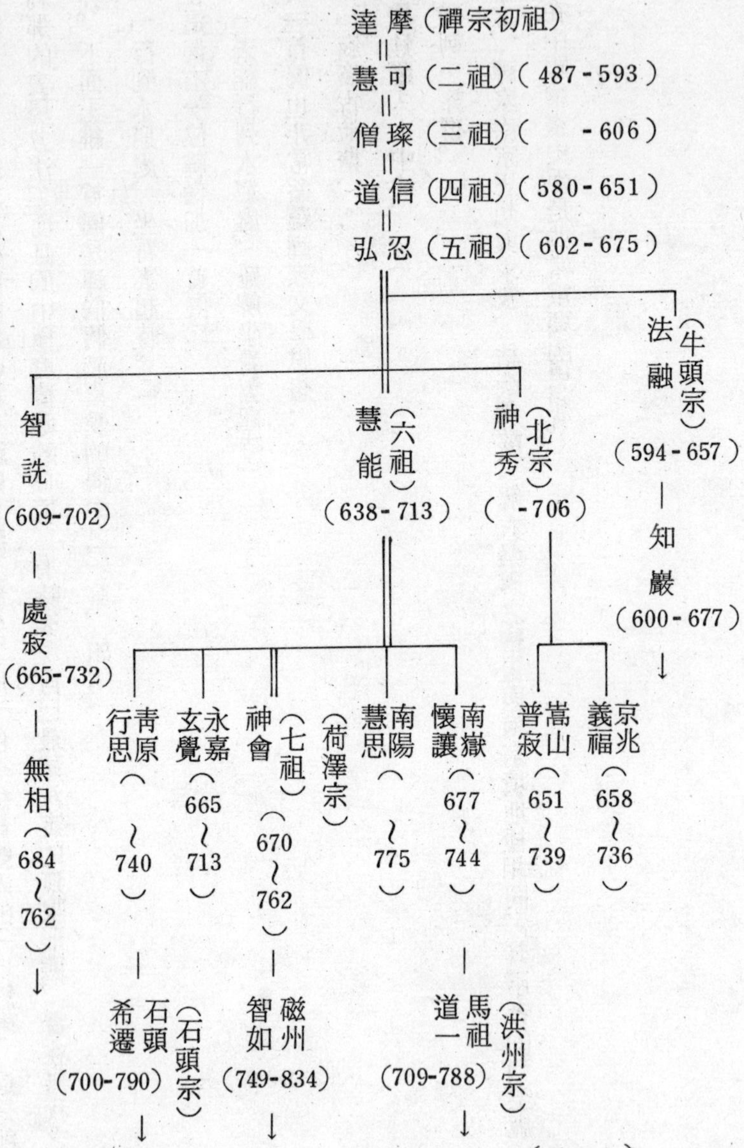
達摩（禪宗初祖）
慧可（二祖）（487-593）
僧璨（三祖）（ -606）
道信（四祖）（580-651）
弘忍（五祖）（602-675）
法融（牛頭宗）（594-657）
知巖（600-677）
智詵（609-702）
處寂（665-732）
無相（684～762）
慧能（六祖）（638-713）
神秀（北宗）（ -706）
青原行思（ ～740）
永嘉玄覺（665～713）
神會（七祖）（670～762）
（荷澤宗）
南陽慧思（ ～775）
南嶽懷讓（677～744）
嵩山普寂（651～739）
京兆義福（658～736）
石頭希遷（石頭宗）（700-790）
磁州智如（749-834）
馬祖道一（洪州宗）（709-788）

（註三六）

第三節 「着色鈎斫」和「水墨渲淡」的比較

依董氏一派分宗論得南北宗之分，在其基本技法上的差異，南宗以「水墨渲淡」，北宗則以「着色鈎斫」。董氏云：

「北宗則李思訓父子着色山水……南宗則王摩詰始用渲淡，一變鈎斫之法……。」（註三七）

由此，最簡而易明。在此先論述着色、鈎斫的問題：

在中國繪畫史上着色的始源很早，這是與人類的最初本能中對具體的形象描寫有關，而是較寫實的表現形式。如此，唐代以前的善畫者大部分用着色，其中隋代展子虔的筆法，對唐代繪畫有極大影響。他的山水畫古今著名，其作品雖然未被保留下來，卻仍可由許多記錄中見得，其中湯垕云：

「描法甚細，隨以色暈開。人物畫部神彩如生，意度具足，足可為唐畫之祖。」（註三八）

他的山水畫使用青綠鈎塡法，枝幹與人物用粉點染，而對唐代李思訓畫風影響很大。這事實在詹景鳳「東圖玄覽」、湯垕「畫鑒」、陳繼儒「書畫史」等皆可見，如陳繼儒云：

「展子虔有青綠山水二小幅，致拙而趣高，後來二李將軍實師之。」

到了盛唐（公元七一三～七六六年）時期，繪畫、文學等藝術各方面都有燦爛的發展，尤其是繪畫方面開始有了很大的轉變。其中最大的變革是㈠水墨法的出現。㈡山水畫在唐以前，祇是人物宮觀的背景，屬於附庸的地位，直至六朝畫論，才肯定其獨立地位，而至盛唐時，山水繪畫才眞正取得獨立的地位，吳道玄實爲轉變的樞紐。傅抱石云：

「恐在吳道元與李氏父子『山水至道子一變』此言似應解作山水至道子，始一變，而有其獨立之境地。」（註三九）

但那時水墨之法，還沒有完全獨立。展子虔以來李思訓之法一變唐代着色畫風。李思訓善畫山水鳥獸草木樹石，並以濃重的彩色，金碧朱粉，工細鈎斫之筆來表現輝皇巧麗的風格。這種「金碧輝映」着色一家之法，對後世有極大的影響。卽董氏一派所稱「北宗之祖」。

一般稱這爲「北宗」山水，又可分爲兩種畫法，其一種是注重水墨渲暈法與大小斧劈者；一種是注重使用靑綠着色者。而「金碧」「着色」畫法一格也有許多論法。其一爲「石靑石綠，卽靑綠山水」；另一種爲「於靑綠山水上加以泥金，謂之金筆山水，以金碧之名，而易之以金筆」等等（註四〇）。

然而，所謂「鈎」是在畫面上先鈎出形態輪廓，然後加着色，卽勾其外廓石紋而後着色。後人稱爲「馬牙鈎」，明人汪砢玉「論畫」云：

「如李將軍、趙千里，先鈎勒成山，却以大靑綠着色方用螺靑，苦綠辟皴，兼泥金石脚。」

所謂「斫」是於外廓內用重尾輕形如斧斫的筆痕表現凹凸，是一種皴法的形態，以後發展成「小斧劈皴」的名稱，代表畫是李唐的「萬壑松風圖」；而「大斧劈」是以水抹濕石面，然後用濃墨皴掃，使墨韻益生變化，氣勢益犀利勁遒，遂成爲一種「拖泥帶水」的皴法，這是「水墨蒼勁派」的明顯特妙之處。

這種所謂「北宗」之基本畫法與「南宗」有很大的相差，其中之一是在「水」的表現方法明顯不同。南宗的水多用烘染，靠山石來映對，着筆不多，卽「水是虛」較爲自然。但北宗的水多勾勒，烘染是爲了加强勾勒的效果，卽「水是實體」（註四一）。

以上所述爲北宗的「著色鈎斫」。再論南宗的「水墨渲淡」的問題，所謂「水墨思想」在王維的「山水訣」中有明確的闡述：「畫道之中，水墨爲上，肇自然之性，成造化之功」。又宣和畫譜云：

「有筆則不在乎丹青朱黃鉛粉之工，故以淡墨揮掃，整整斜斜，不專形似，有獨得象外者，往往不出畫史，而多出於詞人墨卿之作。」

正是逸筆草草，不必丹鉛朱黃卽着色，只用水墨亦足。董其昌在「畫禪室隨筆」有一段對筆墨畫法的看法云：

「古人云，有筆有墨。筆墨二字人多不識，畫豈有無筆墨者哉。但有輪廓，而無皴法，卽謂之無筆，有皴法而不分輕重向背明晦，卽謂之無墨。古人云石分三面，此語是筆亦是墨。」

筆就意謂線、骨法、皴法。墨是用墨法，意謂渲淡。那麼水墨的線條自何處來呢？中國繪畫初期無法看見水墨法，就「繪畫之事，雜五色」王禹昭云「畫繢之事不過五色而已，模成物體而各有分畫，則謂之畫。分布五色而會聚之，則謂之繢」。又鄭玄云：

「繪畫，文也。凡繪畫，先布衆色，然後以素分布其間，以成其文……素，白采也，後布之，爲其易漬污也。」

由此可知當時都用色與各色的線條，而這種以色調表現的筆線，漸漸變成黑色，直到梁張僧繇創立「沒骨法」。並且對水墨畫的始源，雖然有許多異論，依張彥遠「歷代名畫記」評初唐殷仲容的畫云：

「工寫貌及花鳥，妙得其眞，或用墨色，如兼五彩。」

按此推知初唐殷仲容兼用墨與色彩，目前無法找到比初唐更早的記錄與畫蹟。至於南齊謝赫的六法中，也只有「骨法用筆，隨類賦彩」可知並無用墨的事實。由五代荆浩「筆法記」云：

「夫隨類賦彩，自古有能，如水暈墨章，與吾唐代故張璪員外樹石，氣韻俱盛，筆墨精微，其思卓然，不貴五采，曠古及今未之有也。」

這初唐以來形成的水墨法，又時與着色混用，並不完全獨立的。但至於中唐王維，完全成立眞正水墨渲染一格的山水境地，一變鈎斫之法。鄭昶云：

「安史亂後，入於中唐，則有王維者，創一種水墨淡彩之山水畫法，謂之破墨山水，與李思訓之青綠山水，絕然異途，而其勢力之大……中此而分宗李思訓之青綠爲北宗之祖，王維之破墨爲南宗之祖。」（註四二）

王維當時使用水墨加以渲淡的方法，事實上，渲淡的根源於五彩混合以後，濃淡變化時，就使用單純的代「墨」，這種「渲淡」，在中唐極盛行。

王維這種以水墨渲淡爲主的畫法的衣鉢者不少。其中張璪「外師造化，中得心源」的獨特境地。他師王維變鉤斫爲渲淡的畫法，在山水畫用破墨。這破墨是山鉤斫法的色畫過渡到用淡墨代色渲染出物象的陰陽凹凸的畫法，過此，則有各種的皴法來代替破墨法（註四三）。

張璪確爲變王維山水畫法的第一個變革者。而第二個變革者是所謂「潑墨」法的創始者王洽（公元七八五～八〇五年），他的名字有三傳洽、默、墨，中唐天寶年間往來於江南一帶，早年學習鄭虔和項容，他們都善用墨。其中鄭虔畫格山饒墨韻，樹枝老硬；項容筆墨雖覺瘦硬，缺少溫潤的氣韻，但非常挺拔峻峭，別具風味，自成一家（註四四）。項容依「名畫記」可知施與傳承王洽，他的個性的奇矯與制作態度，到達筆的否定者境地。

王洽雖然師鄭虔、項容兩者，卻一變傳統的習氣，創造自己畫風境地而爲「潑墨」一法。他酷愛飲酒，以髮取墨來作畫，而每逢作畫之前，必喝得半醉，乘著酣暢時把墨汁潑在絹上，就連唱帶笑手舞足蹈地隨着墨污形狀或揮或淡或濃的畫出山石、雲水、煙霞、風雨的形象，非常生動自然，絕看不出墨污的痕跡。而中村不折先生的看法是他的「潑墨」與水墨渲淡的手法，不僅是類似、彷彿是從沒骨皴化出來的。並且王維可能首先嘗試這種水墨渲淡方法，然後王洽繼續加以發揚，但因現今流傳畫蹟不足。難以眞確地判斷（註四五）。

王洽的「潑墨」法，使王維的水墨渲淡達到更高的境地，而且暗示了後代畫壇新境界的途徑，使宋代米氏父子也深受到極大的影響。破墨與潑墨的師承關係簡明表示於下：

破墨—張璪—荆浩

潑墨—項容—王洽

中國的繪畫，自創始水墨畫以後，展開了高妙的畫境。水墨畫的根本理念，似乎源於中國自古以來一脈相承的一種傳統思想。歸一欲將此交錯保持於靜肅之效者爲老子，而莊學的「虛」「靜」「明」的淡泊思想，保持生長之途者爲孔子，而其承認有流貫乎宇宙之間之共通者則相同。中國畫之所以進入於水墨畫，其原因又在於此種內觀與自然觀察（註四六）。

中國水墨畫家深入自然的無窮境地，他們觀照世界，以自我與自然的對話，然後察覺某種內在的形象與線條，再用水墨五彩，含蓄的表現出自己思考的最後結果，而達「坐茂林之下，則蒼茫之間，特有所思」的境地。

水墨畫一筆就是一筆，絕不加筆。而水墨筆畫有此特質，就是突發的、衝動的、感性的、偶然的、直觀的、暗示內涵的、抽象的、寫意的，與西洋畫的抽象表現主義樣式幾乎相同。

「水墨」以墨的乾濕濃淡，表現五彩之光華奇妙無限的境界，是所謂「南宗畫」的基本。

明末，董氏一派以他們的分宗論遂將着色、鈎斫與水墨渲淡，分北宗着色、鈎斫、小斧劈；南宗水墨、渲淡、披麻、米點、折帶皴。

不過，中國繪畫史上，仍有許多採用不同宗派技巧的畫家。這是當然的過程。初期的王維因受李思訓的影響，而使用着色。詹景鳳「東圖玄覽」云：「王晉卿臨右丞『輞川圖』於都下城隍廟，見淺着色。」而王槪「畫學淺說」云：「王維亦青綠山水」等，可見他善着色的事實。而現在故宮博物院所藏傳王維「山陰圖」（圖二）就是着色畫蹟中的一幅。

另外董源也採用李思訓的着色（圖三），郭若虛「圖畫見聞誌」云：「水墨如王維，着色如李思訓。」又如清孫退谷「庚子消夏記」一書卷三云：「大癡書『山梵利圖』用青綠和之設色，與『夏山圖』無二，全以北苑爲宗。」

尤其是董氏自身也善着色，畫蹟不少，這是他達到水墨境界之重要過程。並且文徵明、沈石田、倪雲林、王翬等也都經過着色山水。

如果他們善南宗者，不知着色世界，怎麼可能達到「水墨爲上」之境界呢？

總之，張璪、董、巨、馬、夏、元季四家，吳派以來南方水墨之系與李思訓父子、趙伯駒兄弟以來的北方着色之系，在中國繪畫史上確實有某地位。不過，董氏一派，以偏見理論貶抑北派之缺乏之「水墨優越」，實在是畫史上的一大錯誤。

第四節　文人畫與南宗之關係

所謂「文人畫」，從古至今論者紛紜；明代以前本無「文人畫」之稱，直到晚明的莫是龍、董其昌、陳繼儒等分宗論者始倡導之，而其思想與南宗有極密切的關係。先看「文人畫」之稱的起源，董氏「畫旨」中云：

「文人之畫自王右丞始，其後董源、巨然、李成、范寬爲嫡子，李龍眠、王晉卿、米南宮及虎兒、皆從董、巨得來，直至元四大家黄子久、王叔明、倪元鎮、吳仲圭皆其正傳。吾朝文、沈則又遠接衣鉢。若馬、夏及李唐、劉松年又是大將軍之派，非吾曹所當學也。」

又莫是龍「畫說」云：

「禪家有南北二宗，唐時始分，畫之南北二宗亦唐時始分，但其人非南北耳。北宗則李思訓父子着色山水，流傳而爲宋之趙幹、趙伯駒、伯驌，以至馬、夏輩。南宗則王摩詰始用渲淡，一變鈎斫之法，其傳爲張璪、荆、關、董、巨、郭忠恕、米家父子，以至元之四大家。」

又沈顥更在「畫麈」分宗篇中云：

「禪與畫俱有南北宗，分也同時，氣運復相敵也。南則王摩詰裁構高秀，出韻幽澹，爲文人開山。若荆、關（畢）宏、張（璪）、董、巨、二米、子久、叔明、松雪、梅叟、迂翁，以至明之沈、文，慧燈無盡。北則李思訓風骨奇削，揮拂躁硬，爲行家建幢。若趙幹、伯駒、伯驌、馬遠、夏珪、以至戴文進、吳小山、張平山輩，日就狐禪衣鉢塵土。」

由此可知，文人畫與非文人畫之分與南北宗之分是同時形成的。

所以張思珂云：

「觀董氏文人與非文人之分，所舉之代表人物，與所定南北二宗之代表人物正同，是董氏所謂之南宗卽其所稱之文人畫派，北宗卽畫工派（卽非文人派），二說是爲一者也。」（註四七）

其實，文人畫與非文人畫之遂分，乃因院體、職業畫家與士大夫畫家修養不同；畫院畫家與職業畫家本來缺乏文學修養。除了自己畫法以外，在詩、書磨練方面有所欠缺，這個原因是因爲他們作畫的時間多，而不必顧及其他；這種現象引起畫蹟上題跋之例極少。

宋代蘇東坡、文同、米芾父子已經開始題字，而至趙孟頫、元四大家、沈周、文徵明、唐寅、徐渭等士大夫文人畫家都以詞句與絕句作題，並以各體書法任章揮洒。這種詩、書、畫合一的境界，須要極高深的文學造詣，但是浙派的畫家寫題跋的例子極少，大都只寫名字、年記而已。

這種趨勢自然有其區分注重文人思想者與非文人者，卽其身分上文人士大夫、南宗吳派與職業畫工、院體浙派畫家。那時董氏不僅主張「文人畫」之優越性，畫卽叫「文人畫」，成立他們的唯一繪畫目標。

董氏一派推崇王維爲文人畫之始祖，而下傳董、巨、米氏、元四大家等。不過，雖然沒有「文人畫」之名稱，但在唐朝王維以前就有了，如東晉顧愷之云：繪畫的目的在於「以形寫神」（註四八）。而漢代稱三美的蔡邕與張衡有濃厚文人之氣，兼善文學與繪畫；又如宗炳的思想，一方面重視寫生，另一方面更注重表現自我意境，卽以形寫形、以色貌色，注重修養。畫家作畫，在自暢其神；加以王維也主張好畫最主要是心靈的表現，卽「敍畫」云：㈠本乎形者容，靈而動者心也。㈡橫變縱化，而動生焉。前矩後力、而靈出焉。㈢「望秋雲、神飛揚、臨春風、思浩蕩。」

再依據謝赫在「古畫品錄」所述六法論中最先云「氣韻生動」，可見作畫的最高意境是「氣韻」，端詳善畫者的人格與品性修養，而陳代姚最「續畫品」中也有重視文人畫思想。然而，在隋代展子虔描法中可見「精彩如生」的氣韻（註四九）。

至於唐吳道子更為顯著，所作壁畫「變相人物，奇蹤異狀，無有同者。」（註五〇），而張彥遠稱他云：

「衆皆謹於象似，我則脫落其凡俗。」

又云：

「人物畫使人感到『虬鬚雲鬢，數尺飛動。毛根出肉，力健有餘。」（註五一）

而「傅彩於焦墨痕中，略施微染，自然超出縑素」，世謂之「吳裝」；吳道子受到印度佛畫的影響，而加以變化有也。天寶玄宗令在大同殿壁上作畫時，一夜之間畫成了「嘉陵江三百餘里」的旖旎風光，但李思訓「累月方畢」，玄宗曾稱羨地云：「李思訓數月之功，吳道子一日之迹，皆極其妙。」按吳道子的下筆，正是如風雨馳驟，敏捷精妙，對自然的骨骼表現，正是在非常寫意的觀念下，求臻神妙的境地。

近人陳衡恪先生對文人畫之潮流記述：

「文人畫由來久矣，自漢時蔡邕、張衡輩皆以畫名，雖未睹其畫之如何，固已載諸史籍。六朝莊老學說盛行，當時之文人含有超世界之思想，欲脫離物質之束縛，發揮自由之情致，寄託於高曠清靜之境。如宗炳、王微，其人者，以山水露頭角，表示其思想與人格，故兩家皆有畫論。東坡有題宗炳畫之詩，足見其文人思想之契合矣。王廙、王羲之、獻之一家，則皆旗幟鮮明。漸漸發展至唐之王維、王洽、王宰、鄭虔輩，更蔚然成一代之風，而唐王維又推爲南宗之祖，當時詩歌論說，皆與畫有密切之關係，流風新被，歷宋元明清，綿綿不絕……。」（註五二）

「文人之畫，自王右丞始」，至於唐王維，乃眞正文人之境。王維集大詩人、音樂家、畫家於一身，又深入禪宗的佛理思想（註五三），堪稱是融詩畫於一致之意境的代表者。在文學上李白、杜甫、王維、孟浩然稱爲盛唐四傑。

王維詩的世界清新、優雅，充滿詩情畫意，如「明月松間照，清泉石山流」「大漠孤烟直，長河落日圓」「漠漠水田飛白鷺，陰陰夏木囀黃鸝」等，可見他的詩人畫境。所以蘇東坡評王維詩畫境地云：

「味摩詰之詩，詩中有畫；觀摩詰之畫，畫中有詩。」

雖然他的詩畫意境表現方法不同，却都是將大自然做了一番高度的洗煉與精煉的工夫。實在「筆蹤潛思，參於造化」，「亘思入神。至山水平遠，雲鋒石色，絕跡天機，非繪者之所及也。」以及「筆墨宛麗，氣韻高清」之妙境。王維在「山水訣」云：

「夫畫道之中，水墨最爲上，肇自然之性，成造化之功……。」

由此可知他以水墨爲主的思想，這是以與文學思想合一，奠立了文人畫的根本。所以，後人稱王維爲南宗、文人畫的始祖。

王維的文人畫，隨後經五代荆浩、董源、巨然，宋之蘇東坡、文同、米芾，至元四大家的黄大癡、倪雲林、王蒙、吳鎭等，文人畫達到了巔峰，於是明清之學文人畫風氣盛行起來。

文人畫家心境求超越對象的形象，極含蓄的表現胸中之意境，這就是形而上學的「氣韻生動」。郭若虛云：

「凡畫必周氣韻，方號世珍，不爾雖竭巧思，止同衆工之事，雖曰畫而非畫。」

文人畫脫塵之境，求靜逸空虛世界。蘇東坡云：「論畫以形似，見與兒童鄰。」

文人畫家，文學與趣極高，無論古今，兼善文學與繪畫者甚多，鄧椿云：

「畫者，文之極也。……其爲人者多文，雖不曉畫者寡矣，其爲人也無文，雖有曉畫者寡矣。」

最好例證之一是宋代畫院考試多以古詩句作爲考題，如：

一、「亂山藏古寺」—「藏」字難會。有作塔尖鴟吻或殿堂頂角，皆不中。獨有一人作滿幅荒山中露一幡竿而中選。

二、「竹鎖橋邊賣酒家」—「鎖」字難達。常人皆注及酒家二字。惟李唐於橋頭竹林外，掛一小旗，上書「酒」字得選。

三、「踏花歸去馬蹄香」—「香」字難狀，僅一人畫一羣蜂蝶追逐而隨馬蹄後而入選。

四、「嫩綠枝頭一點紅，惱人春色不須多」——「惱」字難盡。獨一人畫美人，並點朱脣，倚欄而立，旁襯以綠楊，遂獲選。

由上可推知文學的表現與繪畫意境的密切關係。故所謂「詩乃有聲畫，畫乃無聲詩。」這就同時混合繪畫的空間性與詩的時間性，然後誕生自我宇宙的同一境。

總之，以上所論「文人畫」的意義，略予歸納如下：

一、文人畫的始祖與南宗同一，就是唐朝王維。

二、成立文人畫的定型化者是元季四家。

三、提高「文人畫」的地位風格者是明末董氏一派。

四、文人畫與南宗實一而二、二而一也。

五、文人畫家的身分多為文人、士大夫，與善南宗者同一。

六、文人畫與文學關係極相近。

七、文人畫家之思想境界，可簡明歸納如下：

1.修養人品，品格高尚。

2.清高隱逸，超塵孤寂。

3.深入詩意，興趣文學。

八、而畫法上的特性如下：

1.水墨爲上、排斥着色。
2.求寫意境、超脫形似。
3.氣韻飄逸、奔放、幽深、荒寒。
4.畫入文氣、淡雅簡潔。
5.遊戲筆墨、寫胸中之逸氣。
6.書法應用、絕無加筆。

「南宗」、「文人畫」無異共求磊落瀟洒，而兩者都是士人身分，共始祖王維；以董源、巨然（圖四）、米氏父子（圖五）、元四大家（圖六、七）、吳派畫家爲代表。但這也是絕不固定的法則上潮流，是一般的趨勢而已。

第五節　後世對分宗論之批評與闡義

中國繪畫之演變，到明末分宗論者們完全改變了。他們的理論對後代之影響巨大，奠立了南宗、文人畫之崇高地位。

對於他們的籠統概念之批評有許多說法。不過，在當時對「分宗論」之客觀的批評力量極少，其中李開先在嘉靖二十四（公元一五四五）年自著「中麓畫品」，主張北宗畫家的優點，展開推北厭南詩，推浙派之創始者戴進推爲崇高境地畫家，而認爲戴進之繪畫起源自董源、巨然、關同、米芾、李唐、馬遠、夏珪、劉松年、趙子昂、黃子久、高房山等，加以獨立主張使用運筆比「氣韻」上位理論。然而，他單薄的力量難敵董其昌一派的巨大勢力（註五四）。

近代以來對「分宗論」之批評論法實在太多。其種類大致可分：㈠排斥宗派論。㈡肯定宗派論。㈢兩宗合致論。㈣無關宗派自法獨立論。

首先其一、排斥宗派論者中王履「華山圖序」云：

「『夫家數因人而立名，既因於人，吾獨非人乎？大章乎既往之迹者謂之宗，宗也者從也。其一於從而止乎？可從，從，從也；可違，違，亦從也。違果爲從乎，時當違，理可違，吾斯違矣。吾雖違，理其違哉！時當從，理可從，吾斯從矣，從其在我乎？亦理是從而已焉耳。謂吾有定歟？不拘拘于專門之固守；謂吾無宗歟？又不遠于前人軌轍？然則余也，其益處夫宗與不宗之間乎？』……學習古人最怕只學一家，必不能跳出一家的範圍，而被一家所扼殺。必須多學博取，融會貫通，才能吸收傳統，發展傳統。王氏見解極正确高明……。」

又童書業先生「中國山水畫南北分宗說新考」云：

「他們提出了南北宗的公案來，目的只是想壓倒浙派而已。明、淸之際，是畫家支派紛起的時代，南北宗之說便是這時代潮流的產品，所以這只能作爲研究明、淸繪畫史的材料，而不能以說明古代繪畫史的眞實情況！」（註五五）

又兪劍華先生「中國山水畫的南北宗論」云：

「從各方面證明了「南北宗」說不合於歷史事實，而斷定它是僞造歷史，是非科學的。」（註五六）

又啟功云：

「晚明華亭三家，創爲南北宗說，所以便於褒貶也，貶北宗，貶浙派也；褒南宗，褒董米及元四家也，圖繪寶鑑卷六（毛大倫增補）董其昌傳云：「學畫先摹黃子久，再仿董北宛，如聞元之黃、王、倪、吳、二米眞跡，以重價購之，元人畫貴，乃其作始。」則王士正之以元人畫爲南宗之標準，在理論上，固屬不能盡合，在事實上未嘗無此傾向。

浙派末流，誠不免於粗獷，華亭諸家，思以董米元人一系救其弊，遂使四王以下，畫風卑靡，或非莫董當日意料所及，愚見以爲二宗說興，畫道始弱，固畫史上一大關鍵，其功其罪，自有定論。夫學古貴有特識，擇其善者而從，二宗之說，在今日已失其時效，考鏡畫史者，固當究此公案，研討畫法者，則不宜自横門檻也。」（註五七）

由此可知，排斥分宗論者之理論除此以外，還有：清王翚「清暉畫跋」、清張庚「浦山論畫」、清方薰「山靜居畫論」、張式「畫譚」以及有滕固、徐復觀、莊申先生等等。其二、對宗派論之肯定論者不多，其中陳仁濤先生云：

「雖然董其昌所說有分界不清之處，引起研究者許多批評；不過這是另一個問題，如用以代表

二種山水畫的風格，倒沒有不合理的地方，大可不必因噎廢食，就此斥棄不用。」（註五八）

然而，其三、兩宗之合致論者之理論中清錢泳云：

「畫家有南北宗之分，工南派者每輕北宗，工北派者亦笑南宗，余以爲皆非也。無論南北，只要有筆有墨，便是名家。有筆而無墨，非法也；有墨而無筆，亦非法也。」（註五九）

清沈宗敬云：

「雲林、伯虎筆情墨趣，皆師荆、關而能變化之，故雲林有北宛之氣韻，伯虎參松雪之清筆。其皴法雖似北宗，實得南宗之神髓者也。」（註六〇）

其四、無關宗派論求自法論者中清石濤云：

「畫有南北宗，書有二王法。張融有言：『不恨臣無二王法，恨二王無臣法。』今問南北宗我宗耶？宗我耶？一時捧腹曰：『我自用我法。』」（註六一）

按以上之幾種論法，實在是形形色色各各不同。由此可知，許多學者們注重研究對他們之分宗論的眞、假，卽肯不肯定之問題。以下繼續記述民國以後之對分宗論展開學者與其論文中比較重要者如下：

一、張思珂撰「論畫家之南北二宗」，「金陵學報」六卷二期一九五六年十一月・南京・金陵女子文理學院。

二、滕固撰「關於院體畫和文人畫史的考察」，載於「唐宋繪畫史」（註六二）。

三、施翀鵬撰「山水畫的南宗北宗」，載於「新中華」第三卷二十期。一九三五年十月。
四、童書業撰「中國山水畫南北分宗說辨僞」，載於「考古社刊」一九三六年。
五、李寶泉撰「中國畫南北宗作者及其地域性之研究」（續），載於「文藝月刊」第十卷三期．一九三七年三月。
六、啟功撰「山水畫南北宗說考」，載於「輔仁大學學誌」第七卷第一、二合期．北京。
七、童書業撰「重論中國山水畫南北宗說兼答啟功先生」，載於「大美晚報．文史周刊」第六期，一九三九年四月（註六三）。
八、陳定山撰「南北宗口號的原緣及其錯誤觀念」，載於「藝與文」第一卷二期，一九五〇年十一月。
九、莊申撰「論中國山水畫的分宗」，載於「大陸雜誌」第九卷五期，一九五四年九月。
十、啟功撰「山水畫南北宗問題與批評」，載於「美術」第十月號．一九五四年十月。
十一、陳仁濤撰「中國畫壇的南宗三祖」，一九五五年三月，香港，統營公司刊。
十二、鄭秉珊撰「山水畫南北宗的創說及其影響」，載於「美術研究」第三期，一九五七年。
十三、莊申撰「論中國山水繪畫的南北分宗」，載於「中國畫史研究」，一九五九年．台北．正中書局。
十四、俞劍華撰「中國山水畫的南北宗論」，載於一九六三年三月，上海．人民美術出版社。

十五、沈以正撰「從繪畫思想談南北宗分宗說」，載於「中國一周」八一四期，一九六五年一月。

十六、徐復觀撰「環繞南北宗的諸問題」，載於「中國藝術精神」，一九六六年二月，台北，學生書局。

十七、方聞撰「董其昌與正宗派繪畫理論」，載於「故宮季刊」第二卷三期，一九六八年一月・台北・故宮博物院。

十八、汪澄撰「所謂南宗北宗」，載於「書畫家」第一卷一期，一九七八年二月・台北。

十九、林凡撰「關於北派山水畫」，載於「中國畫」第一期（創刊號）一九八一年六月・北平・新華書店北京發行所。

第六節　王維之思想

一、王維之生平與交友

王維，字摩詰・太原祁（今山西省祁縣）人，依歐陽修「新唐書」，太原王氏當時貴族世家（註六四）。王維生於唐中宗長安元年（公元七〇一年），九歲即會作文章，以後十六歲時作「洛陽女兒行」，又十七歲時作「九月九日山東兄弟」等許多王維早期的古今著名的絕句，由此可見他的天才秉賦。十九歲登第，開元九年二十一歲時進士擢第，以後累任太樂丞、濟州司倉參軍，右拾遺、監察御史、左補闕庫部郎中及文部郎中等。

天寶十四年十一月，安祿山亂起，十二月洛陽陷落，次年六月攻陷了長安，玄宗離開長安避難入蜀。由於變亂來得太突然，來不及逃避的三百餘官吏與士大夫被虜，其中有杜甫、鄭虔、王維、裴迪、儲光義等人。以後杜甫逃出，王維却被拘禁於菩提寺內，逼就樂職，當時杜甫對王維善意的解釋作一首詩：

「奉贈王兄允維」

中允聲名人，如今契闊深。共傳收庾信，不比得陳淋。三年觸此心，窮愁應有作，試誦白頭吟。

又口傳王維的「凝碧池」詩於友人裴迪，詩如下：

萬戶傷心生野烟，百官何日再朝天？秋槐花落空宮裏，凝碧池頭奏管絃。

安祿山之亂平定以後，卽王維五十九歲時任尚書右丞，故後世又稱他爲王右丞。王維卒於上元二（公元七六一）年七月，享年六十一歲，葬於藍田縣輞川鹿苑寺西。

王維死後，兄弟王縉特於親友間搜集其遺文編輯刋行，共得四百餘篇的詩句，這就是「王右丞集」。

王維兄弟之間非常友愛，「舊唐書」云：

「閨門友悌，多士推之。」

「新唐書」云：

「縉爲蜀州刺史未還，維自表己有五短，縉五長，且在省內，縉在遠方，願歸所任官，放田里，使縉得還京師。」

王維三十歲左右妻崔氏逝世，以後卽未再娶。而五十歲左右母親逝世。這些變故對王維藝術上的表現有很大影響。「新唐書」云：

「喪取不取，孤居三十年。母亡，表輞川第爲寺。」

王維晚年在輞川隱居生活，輞川在藍田縣西南，終南山東北，川水出輞口北流入灞水。本木清華、風景好畫境。故王維於「輞川集幷序」中云：

「余別業在輞川山谷，其遊止有孟城拗、華子岡、文杏館、斤竹嶺、鹿柴、木蘭柴、茱萸沂。宮槐陌、臨湖亭、南湖、欹湖、柳浪、欒家瀨、金屑泉、白石灘、北垞、竹里館、辛夷塢、漆園、椒園等，與裴迪間暇、各賦絕句云爾。」

又詠藍田山石門精舍詩云：

落日山水好，漾舟信歸風，
玩奇不覺遠，因以緣源窮。
遙愛雲木秀，初疑路不同，
安知清流轉，偶與前山通。
捨舟理輕策，果然愜所適，
老僧四五人，消遙陰松柏。（後略）

他在輞川時過著清潔幽淡的生活，獨坐冥想，欣賞自然的美景，藝境高逸。這一段期間，是他的藝術上最成熟完美的階段。而且達到詩、畫、音樂三者合一的境界。

無論那個藝術家，跟時代的背景都有密切的關係。唐代安史之亂以前爲盛唐時期，因租庸調制的成功運用，使稅收項目列舉分明，爲民制產與爲官收租兩事並舉，所以農民生活之寬舒安恬、蒸鬱而生整個社會之繁榮、盛唐時代之富足太平（註六五）。而杜甫云：

「憶若開元全盛日，小邑猶藏萬家室，稻米流脂粟米白，公私倉廩俱豐實。」

盛唐的社會安定對藝術有很大的影響，使當時文藝境地達到絕頂，詩人、畫家輩出，其中有不少與王維交遊甚好。下面略述王維之交友如下：

㈠孟浩然（公元六八九～七四〇年）

王維與孟浩然的結友時期，推定約開元十六（公元七二七）年，孟浩然年四十歲之時，相述於長安，在開元十六年左右孟浩然離開長安返鄉後，他們的交情雖未斷絕，卻未再有任何新的發展（註六六）。後世稱其爲「王孟」，孟浩然返鄉之時王維曾贈詩「送孟六歸襄陽」云：

「杜門不欲出，久與世情疏，以此爲長策，勸君歸舊廬，醉歌田舍酒，笑讀古人書，好是一生事，無勞獻子虛。」（註六七）

及「哭孟浩然」一首：

「故人不可見，漢水日東流，借問襄陽老，江山空蔡洲。」（註六八）

㈡李頎（按「唐詩大系」公元六九〇～七五一年）據「唐詩品彙載其爲東川人，但是家居潁陽，開元十三年賈季鄰榜中第。

㈢綦毋潛（按「唐詩大系」公元六九二～七四九年）潛字李通，荆南人。開元十四年登嚴迪榜進士。

㈣王昌齡（按「唐詩大系」公元六九八～七六五年左右），字少伯，其籍貫有太原、江寧及京兆等三說。

㈤盧象，據唐人劉禹錫「盧象詩集」序，字緯卿，汶水人。由進士補秘書郎。轉右衞倉曹掾。河南府司錄，司勳員外郎，亂後初謫果州長史、又貶永州司戶，移吉州長史。詩云：「與盧象集朱家」

「主人能愛客，終日有逢迎。
貰得新豐酒，復聞秦女箏。」
「柳條疎客舍，槐葉下秋城，
語笑且爲樂，吾將達此生。」（註六九）

㈥儲光羲（按「唐詩大系」公元七〇七～七五九年左右），唐袞州人，開元進士，官監察御史。著有儲光羲詩集凡六卷。其詩祖陶淵明，質樸中含古雅之趣，尤長田園詩，與王維孟浩然齊名。

㈦祖詠（按「唐詩大系」與「中國詩史」公元六九九～七四六年左右），洛陽人，開元十二年及第的進士，祖詠中舉前後，他的文章很有名。「王右丞集」卷四有齊州送祖三詩。詩云：

「送君南浦淚如絲，君向東州使我悲。
爲報故人顦顇盡，如今不似洛陽時。」

(八)丘爲（按「唐詩大系」與「中國詩史」公元六九四～七八九年左右），蘇州嘉興人。初累擧下第。天寶初劉單榜進士，時年八十餘，母猶無恙，給俸祿之半。

王維「送丘爲往唐州」詩云：

「宛洛有風塵，君行多苦辛，四愁連漢水，百口寄隨人。

槐色陰清畫，楊花惹暮春，朝端肯相送，天子繡衣臣。」

(九)殷遙（按「唐詩大系」公元七〇九～七四九年左右），丹陽人，天寶間嘗仕爲忠王府倉曹參軍，與王維結交，同慕禪寂，志趣高疎，多雲岫之想（註七一）。

王維「哭殷遙」詩云：

「送君返葬石樓山，松柏蒼蒼賓馭還，

埋骨白雲長已矣，空餘流水向人間。」（註七二）

(十)裴迪（按「唐詩品彙」公元七一六年～？），關中人，比王維年幼約十五歲左右。天寶之亂前，迪與王維和王維妻舅崔與字同居終南山。王維詩云：

「余別業在輞川山谷，其遊止有孟城坳、華子岡……等。與裴迪閒暇，各賦絕句云爾。」

(十一)張諲（公元七〇三年～？），永嘉人，善草隸，兼畫山水，詩格高古，事王維爲兄，皆爲詩酒、丹青之契（註七三）。

王維「答張五弟」詩云：

「終南有茅屋，前對終南山，終年無客常閉關，終日無心長自閒，不妨飲酒復垂釣，君但能來相往還。」（註七四）

張諲　居住嵩山幾十年，享受清靜的隱居生活，推定王維也在同一時期隱居嵩山，兩個人的交友關係很密切，那時可能張諲受到王維的影響，卽「破墨」山水畫。

以上十一個重要人物，除張諲以外都是從事文學之人，此所以形成濃厚的文學氣質，亦卽「詩境入畫」的根本原因。

河東王氏世系圖（註七五）

高祖儒賢（趙州司馬）
曾祖知節（揚州司馬）
祖朗冑（協　律　郎）
父處廉（汾州司馬）
- 紘
- 縉（字夏卿相代宗）
- 維（字摩詰、尚書右丞贈秘書監）
- 繟（江陵少尹）
- 紞（太常少卿）

交友圖（註七六）

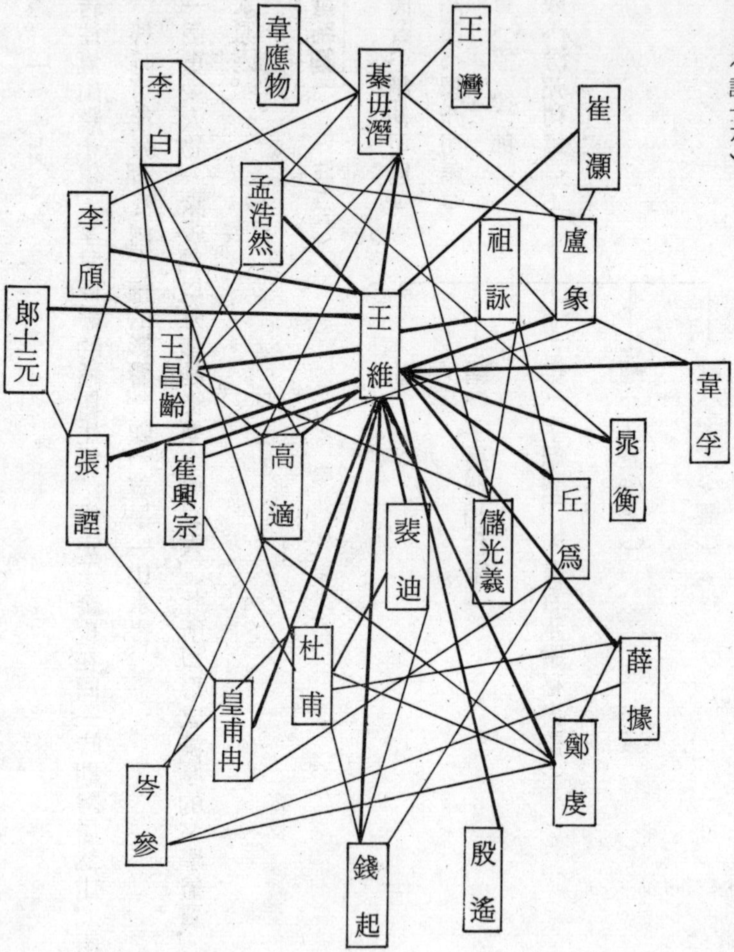
韋應物
王灣
綦毋潛
李白
崔灝
孟浩然
李頎
祖詠
盧象
郎士元
王維
王昌齡
韋孚
晁衡
張諲
崔興宗
高適
丘爲
裴迪
儲光羲
杜甫
薛據
皇甫冉
鄭虔
岑參
殷遙
錢起

二、王維之思想背景

王維在唐代安定的社會中，又值文藝、哲學、宗教各方面的黃金時代下，因此展開了他的詩畫思想。當時興盛的道家與禪學對他的詩境與畫境內涵，有決定性的影響，而以詩、畫、樂表現出禪家超脫塵世的根本境地，王維求先道後佛。

道家思想的根源在戰國時代末期開始形成，卽代表南方文化的老莊思想。而「道家」跟「道教」不同，「道教」是以方術爲主的，源出於先秦之「方士」（註七七）。

老子的思想在「老子」或「道德經」中記述，卽由萬物變化的無數現象生出超越感覺的無形、無聲之本體，這本體是無限時空的，實在高妙。並且，莊子在「莊子」或「南華眞經」逍遙遊篇、齊物論篇、養生主篇中，排斥日常通俗的經驗，俱本着奔放的虛構性，根本否定以儒墨等思想，勸人順隨自然，建立與現象調和的道，悟入虛靜因是的心境。此時提示心齋、坐忘、見獨、朝徹，及至特別的呼吸法等、悟入方法。實在道家的這種方法，對佛教的禪宗起源有更密切的關係（註七八）。

王維最初受到道家思想的影響，很可能是開元十一年到十四年（公元七二三～七二六年）的四年間，卽王維二十五歲左右，隱居河南嵩山的時期，當時的嵩山是道家思想中心地，他在嵩山隱居時作詩「贈東嶽焦鍊師」與「贈焦道士」。而開元十六年回長安以後也繼續跟道家人物保持來往，並對道家思想深感興趣（註七九）。

王維先入道家，到中年以後又接受佛教禪宗思想，而對他的藝術基本理念上又產生了一次具有決定性的影響。按「大薦福寺大德道光禪師塔銘」中云：

「……維十年座下，俯伏受教，欲以毫末，度量虛空，無有是處，誌其舍利所在而已，銘曰。」（註八〇）

由此可知王維跟道光禪師的佛家師承關係，道光禪師卒於開元二十七（公元七三九）年，卽王維四十歲的時候。按「十年座下」可推知十年前卽開元二十八年，正是妻崔氏逝世之年。故此後在道光禪師門下入門。

再看王維生存時代的禪宗思想背景。本來禪宗的起源乃從印度本宗六祖菩提達摩的東來（公元五二七年）以後展開，而隋代嘉人古藏（嘉禪大師）傳曇濟之學，光大羅什之業，創立「三論宗」，到了唐代，其一部分入「天台宗」，一部分入「禪宗」。禪宗亦稱「心宗」，根本「不立文字，見性成佛」，脫人間之苦，思天上之樂，爲外道禪。悟我空之理，離生死之苦，空空寂寂，灰身滅智，最爲上乘禪也；故有三學今戒、定、慧。以及六度；布施、持戒、忍辱、精進、禪定、智慧（註八一）。

禪宗有南北，頓漸兩派，代表者是慧能與神秀。當時禪學大盛，南宗佔優勢，遏止了北宗的發展。北宗自義福（公元六五八～七三六年）、普寂（公元六五一～七三九年）逝世以後漸漸衰落，不過南宗活動以慧能的四十三弟子中之下列五人爲主：

一、南嶽懷讓（生於公元六七七年，卒於公元七四四年）。

二、青原行思（生年不可考，卒於公元七四〇年）。

三、永嘉玄覺（生於公元六六五年，卒於公元七一三年）。
四、南陽慧忠（生於公元六七七年，卒於公元七七五年）。
五、荷澤神會（生於公元六七〇年，卒於公元七五八年）。
五人弟子中，神會堪稱第一人而無愧。
中國禪宗史上慧能以後，最主要人物是馬祖道一（公元七〇九年～七八八年），他本來是南嶽懷讓的弟子僧，四川·成都人，十三歲時始學佛學，以下一段話可知兩師弟僧的思想。
馬祖又問：
「道是否有成壞呢？」
懷讓回答：
「如果以成壞聚散的現象來看道，便不是眞的見道。請聽我的偈子：
『心地含諸種，遇澤悉皆萌；三昧華無相，何壞復何成。』」
後來馬祖到江西去作方丈，主張心外無佛思想，又云：
「知色空故，生卽不生，若了此意，乃可隨時着衣吃飯，長養聖胎，任運過時，更有何事。」
馬祖的這種觀念上的理論，有點跟道家卽老莊思想相同，而當時青馬行思的學生石頭希遷（公元七〇〇～七九〇年）的禪學終極思想也都深通老莊思想。
以上記述禪宗的當時大勢與大概思想主流，因爲王維的母親對禪宗思想極有興趣，因此王維受到母親的影響也是必然的。其於請施莊爲寺表云：

「臣亡母故博陵縣君崔氏，師事大照禪師三十餘歲，褐衣蔬食，持戒安禪，樂住山林，志求寂靜。」（註八二）

「大照」是神秀的弟子普寂之諡，而神秀的諡是大通。由此可知王維的母親跟禪宗的北宗係有很密切的關係。而王維出於北宗神秀漸悟一系，後傾向南宗頓悟。在「王維夏日過靑龍寺謁操禪師」云：

「龍鍾一老翁，徐步謁禪宮。欲問義心義，遙知空病空。山河天眼裏，世界法身中。莫怪銷炎熱，能生大地風。」（註八三）

又「六祖慧能禪師碑銘」云：

「無有可捨，是達有源；無空可往，是知空本。離寂非動，乘化用常。在百法而無得，周萬物而不殆。鼓枻海師，不知菩提之行，散花天女能變聲，聞之身則知法本。……五蘊本空，六塵非有，衆生倒計，不知正受。……至人達觀，與物齊功，無心捨有，何處依空？……」（註八四）

雖然當時並沒有明顯記載與旁證，但王維很可能深入於南宗思想，並且心儀六祖慧能。

總之，王維深受道家的老莊思想與禪學南宗的頓悟思想之影響，形成他的文學與繪畫根本主流。於是可知，無論任何時代、任何作家，他們的藝術境地、與其生存的時代環境、思想背景等都有密切的關係。並且，對他們的作品都有決定性的影響。

唐代詩學的興盛，是中國詩作之黃金時代，當時有二千二百餘作家，得詩凡四萬八千九百餘首，詩體的妙境，內容意境的高雅，而且有許多自由奔放的詩派，分別爲宮廷派、社會詩派、邊塞派、田園隱逸派、浪漫派、險怪派、香艷派。或區別太白體、孟浩然體、岑嘉州體、王右丞體、白樂天體、杜牧體、賈浪仙體等。當時詩的類形：

「律詩始唐，而其盛亦莫過於唐，考之初唐作者蓋鮮，中唐以後，李太白、韋應物尚古多律少，至杜子美王摩詰則古律相半，迨元和而降，則近體盛而古作微矣。又有七言六句律、又有五言六句律，但可放情遣興而已。又有六言八句律，作於唐太宗，後各集各有其法總不出五七言律也。……」（註八五）

唐朝文學以溫柔敦厚的底子，再加入許多慷慨悲壯的新成分，因此盛唐時期的文學家，貴在能洗却南朝的奢華萎靡，而創造伉爽直率的詩境。

當代所謂詩仙、聖、佛者分別指李白、杜甫、王維。他們各自形成自我獨特的世界。李白以氣爲主，以自然爲宗，以俊逸高暢爲貴，志尚縱橫，時有俠氣。杜甫有以意勝，以篇法勝，以俚質勝，以獨造爲宗，以奇拔沉雄爲貴。王維焚香獨坐，理趣以勝，詞秀調雅，意新理愜，豐縟而不華靡，滄浪嚴羽，其詩境爲「空中音、相中色、水中月、鏡中象」。另外著名的自然詩人孟浩然，其詩境專心古澹，悠遠深厚，文采豐縟，經緯縝密，半遵雅調。王維與孟浩然關係非常密切，因此後世人稱「王孟」，劉大杰於「中國文學發達史」中云：

「孟浩然……他與王維並稱，爲當時自然詩人的兩大代表，但他的心境與作品的情調，與王維都有不同之點。王維是一個貴族的隱士，是一個飽嘗了富貴功名的滋味而皈依於山水的懷抱的退隱者，所以他能夠心安理得，無論他的心境和作品的情調，都能達到純然恬靜與平淡的境界。孟則不然，他四十歲前，雖受了隱逸的風氣，在鹿門山住了那麼多年，山水看得太久了，富貴功名的慾望，在他的心理，漸漸滋長起來，身在江湖，心懷魏闕，正好說明孟浩然的心理，他有了這種心境，因此，他的作品的情調就沒有王維那麼恬靜與平淡，時露憤慨與嗟怨……。」（註八六）

由此可知王孟詩的世界。此外尚有陳子昂、李長吉、白樂天、杜牧、劉禹錫、司空曙等著名詩人。

唐代詩學興盛主要原因之一是君主的提倡，以詩取士而詩盛，以及因受到佛禪的影響，使唐詩臻於高妙之境。

禪人的求道，不從佛法僧求，不從文字求，不從修爲求，就無心無跡無猜，禪學的修行是一種非常形而上學的方法，而在他們追求到達無我境地的過程中，表現出無數的自我禪境，以偈頌隨佛經之譯傳。詩體的種類有四言、五言、六言、七言等。而以示法詩、開悟詩、頌古詩、禪機詩等都是心中[illegible]詩。[illegible]門的詩[illegible]俗人詩學不同，禪人的詩短長互用，古體近體咸備；然禪人都不斤斤放格律，故律詩少而絕句古體多，且古體詩多直言理語，復過於冗長，故未述論。而禪人的詩學思想與格調浸潤了世俗詩人世界，引起當時大流行詩人的心向禪悅，其秋園臥病呈暉上人詩云：

「幽寂曠日遙，林園轉清密，疲痾澹無豫，獨坐泛瑤瑟。懷挾萬古情，憂虞百年疾。綿綿多滯念，忽忽每如失。緬想赤松遊，高尋白雲逸。榮吝始都喪，幽人遂貞吉。圖書紛滿床，山水藹盈室。宿昔心所尚，平生自茲畢。願言誰見知，梵筵有同術。八日高秋晚，涼風正蕭瑟。」（註八七）

而且當時詩人表現的內容、形式與禪理之間巧妙調和，清沈德潛云：

「杜詩，江山如有詩，花柳自無私，水深魚極樂，林茂鳥知歸。水流心不競，雲在意俱遲，俱入理趣。邵子則云：一陽初動處，萬物未生時，以理語成詩矣。王右丞詩：不用禪語，時得禪理。東坡則云：兩手欲遮瓶裏雀，四條深怕井中蛇，言外有餘味耶。」（註八八）

其中「王右丞詩：不用禪語，時得禪理」。雖然外表不見禪，但他胸中卽詩，隱喩禪入詩境，此可由下面元人著作窺見端。明胡應麟云：

「太白五言絕，自是天仙口語，右丞却入禪宗，如人間桂花落，夜靜深山空。月出驚山鳥，時鳴春澗中。木末芙蓉花，山中發紅蕚。澗戶寂無人，紛紛開且落。讀之身世兩忘，萬念皆寂，不謂聲律之中，有此妙詮。」（註八九）

又宋釋惠洪云：

「王維摩詰山中詩曰，溪清白石出，天寒紅葉稀。山路元無雨，空翠濕人衣。」

王維中年隱居嵩山（註九〇），那時交遊佛、道之人，卽道家的焦煉師、賈道士，佛家的乘如禪師、蕭居士、學藝方面有張諲，依王右丞集卷十「過乘如禪師蕭居士嵩邱蘭若」云：

「無着天親弟與兄，嵩邱蘭若一峰晴，食隨鳴磬巢烏下，行踏空林落葉聲，迸水定侵香案濕，
雨花應共石牀平，深洞長松何所有，儼然天竺古先生。」

由此，王維以道家的老子來比喩佛友人，南北朝以來佛家也求道家的長生養性，可知當時佛、道由於二家關係密切，王維離開嵩山以後，在政治生活中仍繼續接受佛敎與道家的思想。到了晚年在輞川隱居時的那種清逸、淡、淨的寂靜超然的生活，卽脫塵、非空非有、亦空亦有、自開自落的空寂之境，他以作詩與繪畫方法展開絕頂的老境藝術世界。他的輞川集中詩句已達字字入禪的境地。王維詩云：

輞川集并序

余別業在輞川山谷，其遊止有孟城坳、華子岡、文杏館、斤竹嶺、鹿柴、木蘭柴、茱萸沂、宮槐陌、臨湖亭、南湖、欹湖、柳浪、欒家瀨、金屑泉、白石灘、北垞、竹里館、辛夷塢、漆園、椒園等，與裴迪閒暇各賦絕句云爾。

華子岡

飛鳥去不窮，連山復秋色，上下華子岡，惆悵情何極。

文杏館

文杏裁爲梁，香茅結爲宇，不知棟裏雲，去作人間雨。

斤竹嶺

檀欒映空曲，靑翠漾漣漪，暗入商山路，樵人不可知。

鹿柴

空山不見人，但聞人語響，返景入深林，復照靑苔上。

木蘭柴

秋山斂餘照，飛鳥逐前侶，彩翠時分明，夕嵐無處所。

茱萸沂

結實紅且綠，復如花更開，山中倘留客，置此茱萸杯。

宮槐陌

仄徑蔭宮槐，幽陰多綠苔，應門但迎掃，畏有山僧來。

欹湖

吹簫淩極浦，日暮送夫君，湖上一迴首，山靑卷白雲。

柳浪

分行接綺樹，倒影入淸漪，不學御溝上，春風傷別離。

竹里館

獨坐幽篁裏，彈琴復長嘯，深林人不知，明月來相照。

辛夷塢

木末芙蓉花，山中發紅萼，澗戶寂無人，紛紛開且落。

別輞川別業

依遲動車馬，惆悵出松蘿，忍別青山去，其如綠水何。

口號又裴迪

安得捨塵網，拂衣亂世喧，悠然策藜杖，歸向桃花源。

（註九一）

王維詩的世界沒有一點造作痕跡，可謂淸高、優雅、幻想、田園、隱逸的，以及連想佛禪境地。而且他的詩學根源於三教的基本原理，但沒有直接表現出外形，而是出於非常抽象、含蓄的方法。尤其是他的詩使欣賞者進入自然的神妙境地。眞可說一句詩就是一幅畫境，即詩畫合一的極致。本來「畫」與「詩」就像眼與心一樣，而畫是心眼、詩是性靈的喊叫，二者都是各持小宇宙的韻律與感悟世界。並且，在個性的底邊互相融化，然後經過美的發酵、表現化、象徵化。同時融化「畫」的空間性與「詩」的時間性，結果誕生母體宇宙的同一境界。（註九二）這種詩畫一境，在中國藝術上首先成功的表現出來的作家就是王維。如蘇東坡云：「味摩詰之詩，詩中有畫；觀摩詰之畫，畫中有詩。」

的世界。

四、王維之繪畫

王維在中國藝術史上，不但在文學上成就顯著，在繪畫方面更是有偉大的貢獻。在他的繪畫形成過程中，同時受到李思訓與吳道子的畫風影響。到了後期才脫穎成立所謂「南宗山水畫」。

李思訓卒時開元六年（公元七一六年），王維只有二十歲左右，依「歷代名畫記」所載，李思訓的畫早以藝稱於當時，如果說李思訓三十歲左右開始以繪畫著名，則王維二十歲左右已經是過了三十六餘年，李思訓的畫跡必已廣爲流傳，可想當時著名的王公貴族必都藏有他的畫蹟，莊申先生在「王維研究」一書中云：

「想來歧王必也藏有若干李思訓的畫蹟。王維既在歧王宅第經常出入，他當然極有得見李思訓的晚年作品的可能。」（註九三）

王維和李思訓雖然沒有直接師承關係，但必已受到李思訓系金碧山水潮流的影響。李思訓的畫風富貴華麗，喜用青綠金碧、鈎勒與斧劈皴。

因爲王維的早期畫蹟流傳不多，所以目前對他的青綠畫風研究資料不足，這是非常可惜的。但從在故宮博物院藏傳王維「山陰圖」（圖二），可看得出精細的描寫及用色（註九四）。如果他當時未先承受於李思訓的畫風，那麼所創造出水墨爲主的南宗山水畫的境地，必然缺乏深度，不但藝術家如此，舉凡藝術家以外的一切均如此。必須先經過本格，再而突破本格，這樣所建立起來的體系與方向才能緊實穩固。

王維與唐代著名的隱士盧鴻，亦有友好關係，他們二人結交，很可能是當王維隱居嵩山的時期，就是開元十四（公元七二五）年到開元十六（公元七二六）年（註九五）。並且，二人的生活方式因受到道家的影響，共同處很多，如下王維晚年在輞川寫的「輞川圖」與盧鴻的「草堂十志圖」形式上是非常相似的。

然王維在繪畫方面，本格上受到畫家吳道子的影響。王維與吳道子的活動時期相同，吳道子開元五（公元七一七）年受玄宗之召入宮開始畫業，那時吳道子二十七歲，李思訓六十五歲，王維十八歲。

吳道子在中國繪畫史上，首先使用水墨畫法，不願受當時佛敎的素材局限，因此解脫轉描寫自然現象的素材，可說是奠定南宗畫風的最初基礎者，他的畫風脫離李思訓系精麗敷色的唐代傳統，「歷代名畫記」卷二云：「衆皆謹於象似，我則脫落其凡俗。」

王維早期自李思訓的畫風轉換成水墨蒼勁的南宗畫風，主要原因就是接受吳道子的畫風，「唐朝名畫錄」云：

「其畫山水松石，蹤似吳生，而風緻標格特出。」

王維確可稱得上是一位偉大的藝術家，因爲他能將每次所接受的不同畫風加以融會吸收，並加入自己獨創的個性，尤其是把它更加發揚光大，使達到奇妙之境，實在是一種藝術家的自我昇華。

王維的繪畫在「山水論」云：「夫畫道之中，水墨最為上。肇自然性，成造化之功。」即水墨為主，追求自然的氣韻。又荊浩對王維云：

「筆墨宛麗，氣韻高清，巧寫天成，亦動眞思。」

又在「唐書」中：「王維的繪畫有六要，卽氣、韻、思、景、筆、墨等。」

王維繪畫多詩趣，又喜歡雪景。如「秋山蕭寺」、「山居」、「喚渡山」、「山谷雪」、「旅行江霽」、「輞川」等的畫材，這蕭然出塵的詩情境地，加之極清寒虛靜的「物外常獨往，人間無所求」世界。「輞川圖」可代表王維的晚年畫境，黃庭堅「山谷題跋」云：「王摩詰自作輞川圖，筆墨可謂造微入妙。」又元湯垕「古今畫鑑」云：

「……其輞川圖，世之最著也。蓋胸次瀟洒，意之所至，落筆便與庸史不同。」

他的這種清逸超脫、筆意清潤，自由奔放的山水畫境，出自於焚香獨坐、物我兩忘的脫塵生活。而風景象徵心靈的崇高意境，彷彿「空潭寫春、古鏡照佛」世界（圖八）。並且，喜愛的白鷺、白雪、白雲都象徵純潔淸靜，暗澹的墨表現塵世的無明，他從污濁昏迷的境地要跳脫出去，但因闇冥的浸迫而不得跳脫，及「破墨的白」就是表現明淨心境的慘澹。王維，他充滿自然的音調、樸素的情趣，表現田園生活的澹遠淸苦、神韻意境。趙子昂「王摩詰松巖石室圖」題云：

「王摩詰能詩更能畫，詩入聖而畫入神。自魏晉及唐幾三百年，惟君獨振至是，畫家蹊逕陶鎔洗刷無復餘蘊。」

又虞君質先生云：

「他愛音樂、愛山水、愛高潔，在峰巒林壑間靜靜的養成了蕭疏清淡的繪畫風格，這風格同他的詩歌一樣，都富於心理上所謂「色彩聽覺」的美，也就是「色」和「音」的情感交錯！」（註九六）

王維不僅善長山水畫，在人物畫方面也深入高境，弇州山人云：

「王維所作羅漢，於莊嚴靜雅外，別具一種慈悲意，袈裟文織秀麗，千載弈自生色。」

又宋沈括對王維佛教畫云：

「王仲至閱我家畫，最愛王維畫『黃梅出山圖』。蓋其所圖黃梅、曹溪二人，氣韻神檢皆如其爲人。讀二人事跡，還觀所畫，可以想見其人。」（註九七）

按這幅畫內容，就禪宗六祖慧能在黃梅得弘忍傳授衣鉢以後，往返曹溪修行的故事，而可推知王維入禪作畫事實。

後人稱王維爲文人畫的始祖，實在是因爲其具簡潔、靜穆、恬淡、雅逸、清新、接詩境、近詞意、通天機、高曠、超脫、孤寂、忘己的文人畫之意境（註九八）。

所以明末提倡分宗論者推崇他爲文人畫始祖。董其昌云：

「文人畫自王右丞始，其後董源、巨然、李成、范寬以及大小米、元四大家。李派粗硬無士人氣，王派虛和蕭瑟，此又慧能之禪，非神秀所能及也……。」（註九九）

王維距今雖然已有一千三百餘年，但他的妙華偉大藝境是超越時空的，直到今日仍然極受重視，他留給後世的影響是萬古常新的。

第七節　南宗重要畫家趨勢

南北兩宗的巨大山脈，自唐代以來始出現中國繪畫史上的二道主流。所謂南北的分宗，明代以前未曾出現，直到晚明才有理論的正式成立，但是時至今日，南北宗畫家的畫，仍有許多不同的論點。因爲若依晚明董其昌等分宗論者們的理論，則趨向於偏頗的主見，以及顯然有重南輕北的主觀意識存在。以下便將明末莫是龍、董其昌、陳繼儒三人所主張的南北兩宗畫家劃分的情形列表如下：

莫是龍
- 南王維—張璪、荊浩、關仝、郭忠恕、董源、巨然、米芾、米友仁、元四家。
- 北李思訓—李昭道、趙幹、趙伯駒、趙伯驌、馬遠、夏珪。

董其昌
- 南王維—董源、巨然、李成、范寬、李公麟、王詵、米芾、米友仁、黃公望、王蒙、倪瓚、吳鎮、文徵明、沈周。
- 北李思訓—馬遠、夏珪、李唐、劉松年。

- 南王維—荊浩、關仝、李成、李公麟、范寬、董源、巨然、燕肅、趙令穰、元四家。

陳繼儒┬北李思訓┬王詵、郭熙、張擇端、趙伯駒、趙伯驌、李唐、劉松年、馬遠、夏珪。
　　　└方外┴鄭虔、盧鴻一、張志和、郭忠恕、米芾、米友仁、馬和之、高克恭、倪瓚。
（註一〇〇）

由是看來，雖然其兩宗畫家略有出入，但其共同點是：㈠王維與李思訓爲南北宗的始祖。㈡董源、巨然、米芾、米友仁、黃公望、倪瓚、王蒙諸家爲南宗畫家。㈢馬遠、夏珪爲北宗畫家。

然而，任何一個時代，每個畫家除受時代影響外，也都有其個人獨特的風格的存在。所以，除了許多純粹學習南宗或北宗畫法者外，也有的脫離了兩宗繪畫思想的限制，也有的融合兩者爲一的畫家，又或有的思想相同而畫法不同，造成許多界限難以劃分的情形。所以，所謂「南北宗畫家」之眞正意義，這並不是絕對的。

其最主要的劃分基礎，是他們大體源流之問題。根據一般畫史研究，認爲歷代較重要之山水畫家，他們師學畫法源流的情形，大致分類表列如下：

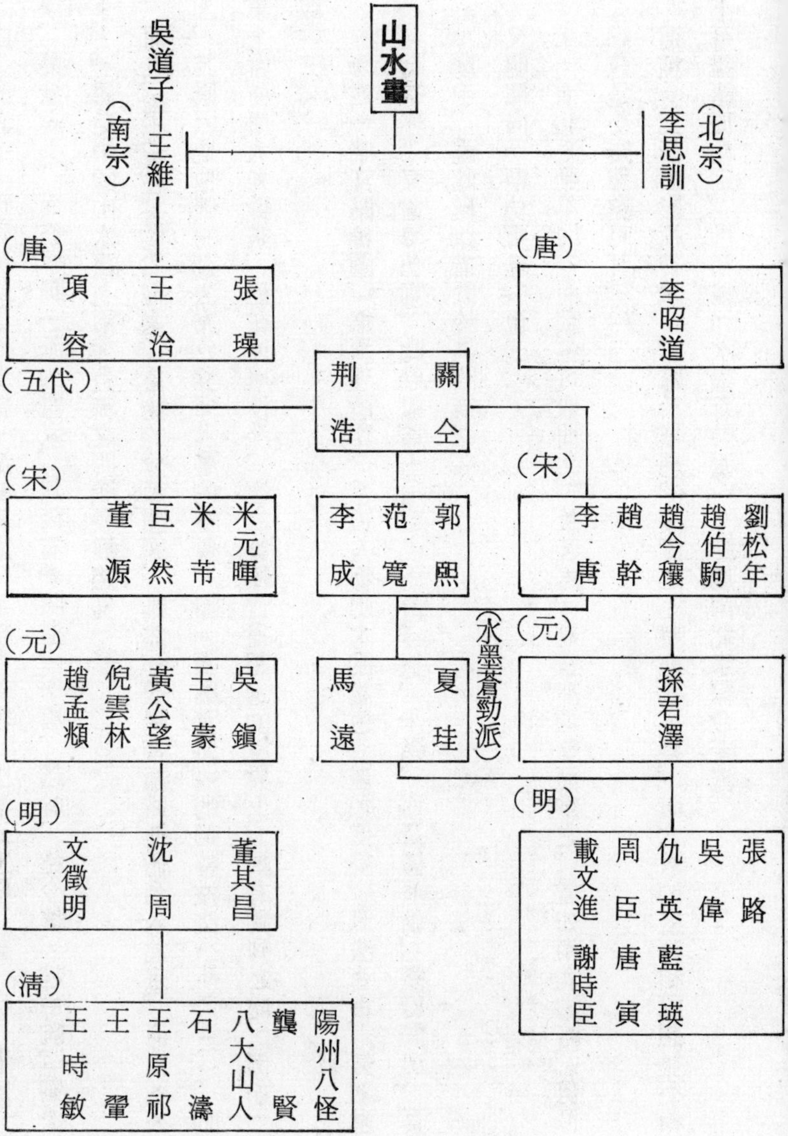
山水畫
（北宗）
李思訓
吳道子
王維
（南宗）
（唐）
張璪
王洽
項容
（唐）
李昭道
（五代）
關仝
荆浩
（宋）
米元暉
米芾
巨然
董源
郭熙
范寬
李成
劉松年
趙伯駒
趙令穰
趙幹
李唐
（水墨蒼勁派）
（元）
吳鎮
王蒙
黃公望
倪雲林
趙孟頫
夏珪
馬遠
孫君澤
（明）
董其昌
沈周
文徵明
張路
吳偉
仇英
藍瑛
周臣
唐寅
戴文進
謝時臣
（清）
陽州八怪
龔賢
八大山人
石濤
王原祁
王翬
王時敏

由上圖表中，可見吳道子、王維一派的畫家，其後有項容、王洽、張璪、董、巨、米氏父子、元四家、吳派……。而李思訓一派的畫家，其後有李昭道、李唐、趙幹、趙今穰、趙伯駒、劉松年、浙派……。這是中國山水畫上兩大巨流之明顯發展趨勢（註一〇一）。

而且，南宋畫院畫家，馬遠、夏珪的分類問題，雖然一般學者都將他們列入北宗，但這圖表中未曾列入，其原因是他們的畫法充分發揮水墨的特質，卽「水墨蒼勁」的獨特技法（註一〇二）。而構圖與運筆上雖使用大斧劈皴，但在運用濃淡、空白等極含蓄超逸的境界上，頗有獨到之處，例如「文徵明題跋」云：

「右『晴江歸棹圖』爲夏珪所作。善畫人物山水酌墨色，麗如傅染，筆法蒼古，氣韻淋漓，足稱奇作。又當學范寬。此卷或爲王洽，或爲董、巨、米顚，而朵體兼備，變幻間出。吾恐穠妝麗手，視此何以措置於其間哉？」

又明惲向「題仿夏珪」也云：

「南北派雖不同，而致各可取而化，故予馬、夏輩亦偶變而爲之。譬如南北道路，俱可入長安，只是不走錯路可耳。」

這種「江銜山影雁初飛」，歸於單純的高度之完整忘我境界，與北宗的畫法和思想並不相同，所以不可歸諸於北宗，世稱爲「水墨蒼勁派」，應屬南北宗綜合者流。

【注釋】

註　一：見郭若虛撰「圖畫見聞誌」論三家山水。

註　二：見莫是龍撰「畫說」。

註　三：見董其昌撰「畫禪室隨筆」。

註　四：見陳繼儒撰「偃曝餘談」。

註　五：見王維撰「山水訣」。

註　六：姜紹書「無聲詩史」卷三云：

「……廷韓意不屑就也，於是又復試，試復一再不利，而意坐此鬱鬱，得幽疾以死，享年不滿五秩，而遺孤不滿五齡，悲哉。」見「畫史叢書」第二册，第四七頁。民國六十三年三月，台北。文史哲出版社。

註　七：參見俞劍華撰「中國山水畫的南北宗論」第九六～一一〇頁。一九六三年三月。上海・人民美術出版社。

註　八：見董書業撰「中國山水畫南北分宗談辨僞」，載於「唐宋繪畫史」第一一四頁。香港・萬葉出版社。

註　九：見張思珂撰「論畫家之南北宗」，載於「金陵學報」第六卷二期，第一四三頁。一九三六年十一月・南京・金陵女子文理學院。

註一〇：OSVALD SIRÉN「CHINESE PAINTING」V, P 13,「THEORY AND PRACTICE OF THE LATER MING PAINTERS」NEWYORK, THE RONALD PRESS COMPANY, 1956.

註一一：見徐復觀撰「中國藝術精神」第三九二頁。民國五十五年二月・台北・學生書局。

註一二：見董其昌撰「畫旨」。

註一三：參見林凡撰「關於北派山水畫」，載於「中國畫」第一期（創刊號），第六十六～六十七頁。一九八一年六月・北京・新華書店。

註一四：見陳序經「中國南北文化觀」第二十九頁。民國六十五年八月・台北・牧童出版社。

註一五：見同註一四，第三十四頁。

註一六：見同註一四，第三十五～三十六頁。

註一七：見同註一四，第三十六頁。

註一八：見沈宗騫撰「芥舟學畫編」卷一。

註一九：見同註三。

註二〇：見董其昌撰「畫眼」。

註二一：見「中國名畫家叢書」第二五七頁。民國六十一年十月・台北・中國美術出版社編輯本。

註二二：參見呂佛庭撰「中國畫史評傳」第一〇一頁～一一五頁。民國六十六年六月・台北・華岡出版有限公司。

註二三：詳見田中豐藏撰「中國花鳥畫に於ける二種の傾向」，載於「中國美術の研究」第一二五頁～一三四頁。一九六四年十二月，東京，二玄社。

註二四：參見劉大悲譯「禪與藝術」第九十九頁。民國六十九年一月・台北・天華出版事業股份有限公司。

註二五：參見黃公偉撰「佛學原聖通釋」第六十五頁。民國五十五年十月初版・台北・現代文藝出版社。

註二六：參見野上俊靜等撰，鄭欽仁譯「中國佛教通史」第八十四頁。民國六十七年五月・台北・牧童出版社。

註二七：當時王維之生卒年。王維生於公元七〇一年，卒於公元七六一年，享年六十一歲。按此可知王維生時慧能六十一歲，而慧能入寂時王維僅十五歲。

註二八：見「六祖壇經」，載於「祖堂集」卷二。

註二九：參見吳經熊撰，吳怡譯「禪宗的黃金時代」第五十二頁。民國五十八年十一月・台北・台灣商務印書館。

註三〇：參見莊申撰「王維研究」第一四九頁。民國六十年四月・香港・萬有圖書公司。

註三一：「中文大辭典」云：李贄，字卓吾，明晉江人，萬曆中爲姚安知府，士大夫好禪者往往從贄游。第六九五五頁。民國五十五年九月・台北・中華學術院印行。

註三二：見董其昌撰「容台集」禪悅。

註三三：見同註三二。

註三四：見同註三十二，墨禪軒說。

註三五：見同註四

註三六：見顧一樵編撰「禪宗師承記」禪宗師承圖表。民國六十五年七月・台北・眞善美出版社。

註三七：見同註三。

註三八：見湯垕撰「畫鑒」。

註三九：見傅抱石撰「論顧愷之至荆浩之山水畫史問題」，載於「東方雜誌」第三十二卷十九號第一七八頁。民國二十四年十月・上海・商務印書館。

註四〇：參見同註一三，第六十七頁。

註四一：參見同註一三，第六十六頁。

註四二：見鄭昶編撰「中國畫學全史」第一二四頁。民國六十二年十月・台北・中華書局。

註四三：參見鍾叔蒼撰「文人與水墨畫」，載於「人生」第十一期九十五號第十二頁。民國四十三年十一月・香港・人生雜誌社。

註四四：見齊師白編撰「唐宋畫家人名辭典」第二六七頁。民國六十五年四月・台北・新文豐出版公司。

註四五：詳見鈴木敬撰「中國繪畫史」上，第一三八頁。昭和五十六年三月・東京・吉川弘文館。

註四六：參見河西青王撰，蘇民生譯「水墨畫之基礎及性質」，載於「中法大學」第十一卷二期第七十五頁。民國二十六年五月・北平・中法大學。而詳見權德周撰「唐代水墨畫의展開」，載於「淑大論文集別册」第十四輯第九頁～十六頁。一九七四年十二月・漢城・淑明女子大學校。

註四七：見同註九。

註四八：參見張彥遠撰「歷代名畫記」顧愷之傳。

註四九：展子虔描法云：「甚細，隨以色暈，精彩如生，意度具足，寫江山遠近之勢尤工，有咫尺千里之趣。」

註五〇：見「唐朝名畫錄」。

註五一：見同註四八。

註五二：見陳衡恪撰「中國文人畫之研究」，載於「美術叢書」第五集二輯。民國六十四年十一月・台北・藝文印書館。

註五三：詳見本論文第二章第六節。
註五四：參見李開先撰「中麓畫品」。而參照原田謹次郎撰「中國畫學總論」第三四三頁。昭和十三年七月・東京・大塚巧藝社發行。以及郭因撰「中國繪畫美學史稿」第二三九、二四〇頁。一九八一年八月。北平・人民美術出版社。
註五五：見童書業撰「唐宋繪畫論叢」第四十頁。一九五八年五月・北京・中國古典藝術出版社。
註五六：見俞劍華撰「中國山水畫的南北宗論」第九十四頁。一九六三年三月・上海・人民美術出版社。
註五七：見啓功撰「山水畫南北宗說考」，載於「論山水畫」第一二一、一二二頁。民國六十年十月・台北・學生書局。
註五八：見陳仁濤撰「中國畫壇的南宗三祖」第四十三頁。一九五五年三月・香港・統營公司。
註五九：見錢泳撰「履園畫學」。
註六〇：見盛大士撰「谿山臥游錄」。
註六一：見石濤撰「畫語錄」。
註六二：一九七一年十月・台北・學生書局刊「論山水畫」一書中重印啓功與勝固的文章。
註六三：其論文重印一六五八年「唐宋繪畫論叢」。一九五八年五月・北京・中國古典藝術出版社。
註六四：按「新唐書」宰相世系表，記錄王氏有宰相十三人多。
註六五：見錢穆撰「國史大綱」第三十一頁。民國六十九年十一月・台北・台灣商務印書館。
註六六：參見莊申撰「王維研究」第五頁。民國六十年四月・香港・萬有圖書公司。
註六七：見王維撰「王右丞集」卷十五。國學基本叢書，民國五十七年七月・台北・台灣商務印書館。
註六八：見同註六七，卷二十。
註六九：見同註六七，卷七。
註七〇：見同註六七，卷八。
註七一：見元辛文房「唐才子傳」。
註七二：見同註六七，卷十四。
註七三：見同註七一，卷二。

註七五：見王維撰，明．顧起經注「類箋王右丞集」㈠第十八頁。歷代畫家詩文集。民國五十九年．台北．學生書局。
註七六：見同註六六，第十三頁。
註七七：見勞思光撰「中國哲學史」上三，第十五頁～十六頁。民國七十年二月．台北．三民書局。
註七八：參見張昭譯撰「中國思想史」第六十三頁～七十六頁。民國七十年四月．台北．儒林圖書公司。
註七九：參見同註六七，卷八「送張道士歸山」，卷十「春日與裴迪過新昌里訪呂逸人不過」，卷十四「送王尊師歸蜀中拜掃」，卷二十「送方尊師嵩山」等。
註八〇：見同註六七，卷二十五。
註八一：參見蔣維喬撰「佛學概論」第七十二頁。民國六十二年，著者印行。
註八二：見同註六七，卷十七。
註八三：見同註六七，卷七。
註八四：見「欽定全唐文」卷三二七，第四一九二頁。民國五十四年五月．台北．華文書局。
註八五：見明王昌會撰「詩話類編」卷一。
註八六：見劉大杰撰「中國文學發達史」第十四章。民國五十九年十一月．台北．中華書局。
註八七：見「全唐詩」卷八十三。
註八八：見沈德潛撰「說詩晬語」。
註八九：見明胡應麟撰「詩藪」內編下絕句。
註九〇：或由開元十四年或十五年到十六年，即由公元七二六年或七二七年到七二八年。
註九一：見同註六七，卷十三。
註九二：參見古川修撰「南畫論萃」第七頁。昭和十九年四月．東京．地平社。
註九三：見同註六六，第一一二頁。
註九四：詳見本論文第二章第三節。

註九　五：詳見同註六六，第一一四頁～一一五頁。

註九　六：見虞君質撰「論王維對於中國南宗山水畫的影響」，載於「美術學報」第三期，第三六二頁。民國五十七年十二月．台北．中華民國畫學會。

註九　七：見沈括撰「夢溪筆談」。

註九　八：參見何乾撰「中國藝術之根源及其思想體系」第一八五頁～一九六頁。民國六十四年七月．台北．中國文化大學碩士論文。

註九　九：見同註一二。

註一〇〇：見同註五六，第十二頁。

註一〇一：近代以來中國學者對山水畫之南北兩宗趨勢分類方法論說不一。其中童書業先生數十年間努力之結果圖表如下：

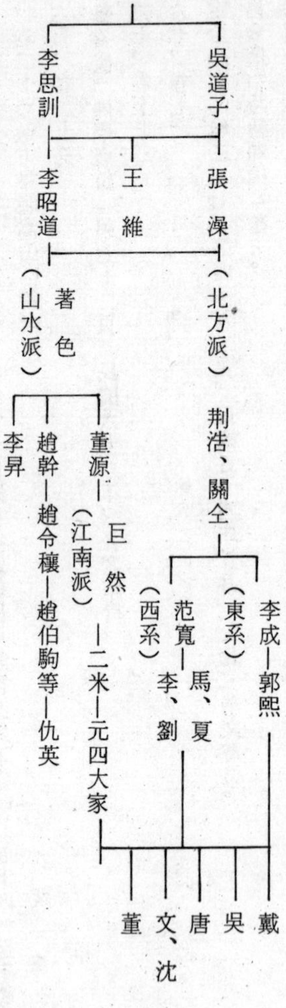

見同註五六，第八十二頁。

註一〇二：「水墨蒼勁」之意義是馬、夏派的代表名稱，但馬遠之畫蹟中有許多著色畫，尤其所謂「水墨蒼勁」之筆法較少。其實較多為夏珪的畫法。

第三章　南宗畫對朝鮮時代後期繪畫之影響

第一節　朝鮮時代後期之時代背景

一、

朝鮮王朝成立的契機，是由於高麗隅王四（公元一三八八）年，本來派去征伐「明」的李成桂（當時任右軍都統使），回軍反動叛亂，逐走隅王與崔瑩，因而建立了朝鮮王朝（註一）。朝鮮王朝建立基礎，是新進的士大夫階層。王朝的初期，在他們大力的支援下，實施私田改革，排斥佛教而崇尚儒教等，這也形成朝鮮初期以後的政治發展方向。當時士大夫產生「文班」與「武班」兩派，他們擁有絕對的權力，尤且獨佔了科舉制度下應試的資格。

朝鮮在外交方面，對明朝維持親善的關係；每年派出使節團三次前往中國。那時輸出品目有馬匹、人參、毛皮、苧布、花紋席等等；輸入品目是絹織物、藥材、書籍、陶磁等（註二）。

到了世宗二十八（公元一四四三）年，創立「訓民正音」；這對韓國文化發展有極偉大的貢獻；

同時，也是韓國歷史的大轉捩點。

、朝鮮初期，排斥佛敎政策在太宗時達到頂峯；不過太宗時代的後半期，世宗與明宗時略有放鬆。朝鮮時代「尙儒斥佛」政策的重要事實，是斥佛運動內面並非文化思想的革新，乃是政治制度的傾軋；因此，不足豐富思想及理論的實踐力行。但以一種自宋儒傳入模倣的因襲理念，來改革這自古以來無法滅絕的民衆根本生存信仰（註三）。

在太宗時對斥佛政策云：

「太宗、聖德神功、無所不至、蕩蕩難名、而斥佛之事、尤有益於斯道斯民、所謂功不在禹下、吾無間然者也。」（註四）

又太宗對佛敎同情的事實證明，依太祖十七年十一月壬子朔給禮曹敎旨中云：

「蓋聞、天下之道、仁而已矣、自漢以來、佛法入中國、迄今千有餘禩、歷代帝王、或有崇信、或有毀斥、又有不信不毀、而任其自爲者、載諸史册、今皆可考、余非畏慕禍福、而侫佛者也、卽位之初乃以日官獻言、某寺當存、某寺當廢、信用其言、隨卽施行、予嘗思之、佛氏之徒、雖爲異端、原其設心、慈悲爲宗、且旣給度牒、出家入山、其無與於國家之事也、明矣、若國有大事則已矣、京外各司、每於營繕之事、並徵僧徒、名曰詣衆、而實則役使、反有甚於平民者、深可閔也。」（註五）

朝鮮中期，發生了多次內外戰爭，如：公元一五九二年壬辰倭亂；一六三六年丙子胡亂；公元一六二三年仁祖反政；公元一六二七年丁卯胡亂等。因此政局極不安定。而公元一六〇〇年代後半期到公元一七〇〇年代初期，施行西人與老論的長期閥閱政治，而且當時探求宇宙萬物原理之風氣，極爲盛行，即「性理學」。性理學者因閥閱政治腐敗，各自歸鄉建立書院，作爲他們發揚學說的重鎮。性理學原是高麗末期自中國傳來，以後大家輩出。性理學之構成者皆爲新進士大夫，批判政治及佛教的不合條理，而乃崇尚義理與道德，排斥富國强兵與物質公理主義。又性理學分兩大學派，即李彥迪先歐的「主理派」與徐敬德先歐的「主義派」。「主理派」的大成學者是一般稱爲「東方朱子」的李滉；「主義派」是奇大升與李珥。

英祖（公元一七二四～一七七六年）正祖（公元一七七六～一八〇〇年）實施「蕩平策」，無論任何黨派皆任用官職，努力使政治達成均等形勢，並且因爲以前閥閱政治延續的結果，國家財政極爲貧困，所以實施三次「大同法」，大力發展商業資本與手工業，因而興起社會經濟趨於繁榮的景象；當時商人活躍於對清、日間貿易，在漢城設置梨峴、鐘樓、七牌等三大市場，可見當時盛況一般；並於肅宗四年（公元一六七八年）製造常平通寶（銅錢）通用全國。

十七、十八世紀繼續閥閱政治期間，發生了各種社會變動，興起對性理學反對學說以及時代的反省學文，這就是「實學」思想，另外傳入「天主教」與「陽明學」的思想。

「實學」可稱爲朝鮮後期國民基本思想，他們研究史學、自然科學、地理學、農學等多方面學問，這是一種民族獨創的特別性格的學說。最具代表的學者是柳馨遠、李瀷、丁若鏞等人。其中以丁若鏞爲集大成，在「經世致用」方面的著書，中央政治方面有「經世遺表」，地方行政方面有「牧民心書」；刑政方面有「欽欽新書」，以及「湯論」「申論」等，書中記述自己的社會改革理論。當時刊行的實學書籍中，以光海君六（公元一六一四）年，李晬光的「芝峰類說」、李瀷的「星湖僿說」等最爲有名，流傳古今。實學到了英正祖時極爲盛行。英祖時編纂有「續大典」、「東國文獻備考」；而正祖時在奎章閣登用實學者，編緝「大典通編」、「秋官志」；順祖時完成「萬機要覽」等許多政治、經濟、文化、地理方面的著作。實學根本思想乃在追求「實事求是」、「利用厚生」，對於近代意識的民族意政與自主的精神，極有啟發作用；並且朝鮮後期興起的新儒學，具有一種批判精神、實證精神和實用精神（註六）。

在朝鮮時代後期，另有一個重大事件，是中國文化的大量流入。這是以每年數次的燕行，包括有多至、正朝、聖節等年例使與謝恩、陳慰、進賀、奏請、陳奏，構成人員規模甚大，正使連隨行人員約四、五百名。他們的目的，是㈠書籍交換、購買。㈡西洋文物購買。㈢兩國文化交流等（註七）。當時使節團員中有許多朝鮮的士大夫、學者等等，如洪大容、朴趾源、朴齊家、李德懋、柳得恭、金正喜等都是。他們到中國以後與紀昀、孫星衍、阮元、翁方鋼、嚴誠、潘庭筠、陸飛、戴衢亨、李鼎元、曾煥、魏成憲、徐大榕、羅聘、王霽、彭蕙支等人交遊。特別是金正喜與阮元、翁方鋼等大書畫家友誼深厚，從他受到清朝盛行的考證學影響，深入研究金石學，流傳當時與後來頗負盛名的「金石過眼緣」，便是考證學對朝鮮學文影響的產物。而使節團員記載所行見聞而成許多書籍，如洪太容「燕記」、金昌業「考稼齊燕行錄」等卽是（註八）。

天主敎於十八世紀後半期傳入朝鮮。正祖七（公元一七八三）年，李承薰在北京帶回西洋神父受洗禮歸國以後，風氣漸盛，信徒日益增多。正式引進天主敎勢力；代表人物是李承薰、李蘗、李家煥、丁若銓、丁若鍾、丁若鏞等南人名士；同時他們都是李瀷的門下。西洋文物流入的結果，對朝鮮產生深厚的影響。宣祖（公元一五六七～一六〇七年）時出使明朝的使節帶回歐羅巴地圖，是最初西洋文化介紹的開始。而當時西洋文物的流入，便是以中國燕京爲中心。

以上幾種新思潮發生的事實，是自十六世紀中葉到十七世紀中葉（宣祖、光海君、仁祖），亦可稱爲「準備期」；自十七世紀中葉到十八世紀之間是「準備最終期」；自十八世紀中葉到十九世紀是「全盛期」（註九）。

朝鮮時代兩班的社會，到了十九世紀漸漸消失，因此階級的差別也隨之遁形，而一般民衆間盛行「契」的利用（註一〇）。在政治、經濟、文化、社會、歷史等發展更新學文，依徐有榘「林園十六志」、李圭景「五洲衍文長箋散稿」、朴容大等著「增補文獻備考」等，可知當時的思想體系。同時農民的東學運動而對社會、政治表示不滿，形成反政府的農民運動。然而東學運動的發生，乃屬一個時代末期必然的現象。「東學」而結合儒、佛、仙與其他宗教而成。本來哲宗（公元一八四九～一八六三年）時，崔濟愚提倡教理，依「東經大全」「龍潭遺詞」等書而言，其主張爲「人乃天」的思想，卽「人」與「天」可視爲同一體。爲了農民權益與對腐敗政治的反抗，終於在哲宗十四（公元一八六三）年，朝廷以「惑世誣民」的罪名，將崔濟愚處死。

同年（公元一八六三年），哲宗退位，由年僅十一歲的高宗繼承王位。高宗的父親興宣大院君（公元一八二〇～一八九八年）把持朝廷實際大權，建立現今依舊存在的景福宮，並大肆整肅儒林中心勢力，整頓書院的腐敗，以後更强烈地反對儒學者，而他隱退的重大根本原因，是大院君實施韓國歷史上著名的「鎖國政策」，完全拒絕與外國通商的協定，但對清朝仍繼續維持文化交流，由此間接引進西方文化與其他文物，只是傳來時期略爲晚些。由於「鎖國政策」的推行，因此時與洋人發生衝突困擾。如高宗三（公元一八六六）年發生丙寅洋擾；高宗八（公元一八七一）年辛未洋擾等。當時一部份學者建議訂立通商協定，這些人大部份都是具有豐富外國知識的新思想家，代表者是朴齊家、李圭景、朴珪壽、吳慶錫等。

高宗十四（公元一八七三）年，大院君因閔妃而爲政界逼迫隱退。而在此年前，卽高宗十三（公元一八七六）年，已與日本簽訂江華島條約協定之後，此時許多國家相繼要求，開放朝鮮門戶，簽訂許多通商條約，外國文物也同時大量傳入，並因此引起外國侵略的野欲。所以造成三十餘年後國家混亂的局面。當時正値農民階層反東學亂起，反對日勢力進入朝鮮形成大規模革命軍，因而引來日本軍介入，但並未遭到政府鎭壓，這可見農民對國內政治腐敗，企求革新，與抗拒外勢侵入的勇氣決心。

同年，鎭壓東學亂以後，日本軍主導實施甲午更張，打破身分階級與惡習，實在是韓國歷史上一大轉捩點，而且奠定日後日本統治的基礎。朝鮮末期政局經歷非常複雜。光武元（公元一八九七）年宣佈國號改稱爲「大韓帝國」，國王升格爲「皇帝」，努力維持自主獨立的國家地位。不過，光武十一（公元一九〇九）年，高宗退位，純宗卽位，終究於公元一九一〇年協定合併日本，結束了朝鮮時代。

二

朝鮮時代文學以漢文學爲主。雖然公元一四四三年世宗大王創立「訓民正音」，中期時仍缺乏文學的出現直到後期才有許多文學作品產生。成宗時，徐居正撰詩文編「東文選」，從事整理漢文學，其他有名的尙有金時習的「金鰲新話」、徐居正的「筆苑雜記」、成俔的「慵齊叢話」，以及社會批判小說的許筠之「洪吉童傳」，隨筆類中柳夢寅的「於干野談」，戰爭記錄中柳成龍的「懲毖錄」等。都是以新文學作爲表現方式的出色作品。

在朝鮮文學使用朝文撰寫，特別表現在歌辭（詩歌）方面，這些詩詞形式與長歌，是韓國文詩歌主流的形成，如「龍飛御天歌」、「月印千江之曲」、「釋譜詳節」等。

朝鮮時代的音樂，儒教國家體制上中要觀，世宗時代朴堧奠立朝鮮獨自的音樂世界，研究樂律，在成宗二四（公元一四九三）年刋行「樂學軌範」，分以雅樂、唐樂、鄉樂三部份。之後，亦有許多喜好者繼續撰寫樂章。而民間歌曲與唱樂日見流行。

朝鮮時代的磁器，高麗靑瓷器衰微以後，「李朝白磁」達到獨特境地，分爲純白、乳白、灰白等各色，代表各種不同的性格。而後期復出現靑花白磁。這些都表現出跟中國磁器不盡相同，而能創造出自己獨特的風格。

書法方面。初期流行「顏眞卿體」，後來流行源出王羲之的元代「趙孟頫體」。後期金正喜創立一種「秋史體」，對後期畫家如權敦仁、趙熙龍、許維、申觀浩、大院君、田琦等人，都產生極深的影響。不過他們因爲大部分追求「形」趣，忽略了「氣」「骨」，所以本來書體的面目也逐漸消失衰退了。

三

從古以來，中韓兩國間文化交流，最注重方式是朝貢制度，經由使臣相互往來，傳入各種思想與文物。朝貢制度，是中國四鄰藩屬向其輸送禮物的一種傳統的外交形式，開始於秦漢時代，完成於魏晉南北朝時代，發展到隨唐時，這種朝貢形式可以區分爲三類：㈠典型的（或本質的）朝貢關係；㈡準朝貢關係；㈢非朝貢關係。如下比較並加以詳細描述：

㈠典型的朝貢關係：

(A)經濟的關係：朝貢、請求、特殊貢物、賜、蠲免

(B)儀禮的關係：封典、告哀、進賀、陳慰、賜除、賻恤、謝恩、其他

(C)軍事的關係：中國方面要請、朝鮮方面要請

(D)政治的關係與其他：年號、曆、內政干涉、陳奏倭情、洋船情形、人質、通婚、其他

㈡準朝貢關係：

(E)政治的關係：境界、犯越、刷還、漂民
(F)經濟的關係：交易、犯禁、推徵
(G)文化的關係：儒學、佛教、道教、書籍、求學、技藝
(三)非朝貢關係：
敵對關係
交易與其他（註一一）
在以上記述中，準朝貢關係是無論宗主國與從屬國，都有類似近代國家的相互對等關係，而非朝貢關係是指兩國間沒有政治性質的一般的關係，僅作民間的接觸與民間貿易。
其中最重要的事實，是公元一六三七年到一八九四年之間，有一三九次之多，派遣正式使節在冬至出發，規定隨行人員中必有一名畫員。中韓兩國間的這種朝貢關係，至清日戰爭後而告終結（註一二）。

第二節　南宗畫之傳入韓國及其分期

南宗畫在韓國傳統的認識中，因爲經過許多戰亂，許多畫蹟遭到銷毀；所以引起學述界欲作探討研究時，發生重重困難與問題。

對於南宗畫傳入韓國的這一問題，以前韓國學者一般的理論，認爲在公元一七〇〇年頃卽肅宗在位年間（公元一六七五～一七二〇年）最初傳入，以後在英正祖（公元一七二五～一八〇〇年）與純祖（公元一八〇一～一八三四年）年間流行，而達到全盛時期。但是，中國自元代至明清時期所盛行的南宗畫風，認爲在十八世紀才完全傳入韓國的說法，實在是個具有不同看法的問題。今日韓國學者對這問題有幾個解釋方法：其㈠因壬辰倭亂（公元一五九二年）與丙子胡亂（公元一六三六年）的發生，引起政治、社會混亂的影響。㈡朝鮮在對外政策上與明維持和親，與清不親之原因（註一三）。㈢朝鮮時代兩班士大夫階層的貧困性（註一四）。㈣跟中國南宗畫風發展中心的蘇州、杭州、吳興等江南地區海上貿易關係，南宋以後遭到切斷，故傳入稍晚（註一五）。

按以上幾項因素可以肯定當時的情況。不過，最近在韓國畫史界對以上南宗畫於十七世紀傳來的理論，又有不同的說法。安輝濬先生主張依幾個實際存世畫蹟（註一六）考察，認爲南宗傳來韓國的時期是在十五世紀末葉開始（註一七）。

不過，「南宗」兩個字雖然包含着廣泛而曖昧的意味，但是我們已能了解與「文人畫」具有相當密切的關係，兩者實在無法分開，而是緊密的結合體，而且包括了思想與技法兩方面，二者的關係可說是「相互與共、休戚相關」。從韓國善畫者的情形看，除極少專業畫家外，大部分都兼善詩、書的文人，上面所說的這一事實便顯得非常重要了。

南宗思想的傳入韓國，也卽是始於宋代蘇東坡、文同以後興起的文人思想繪畫，其時期約在十二世紀之後，因此，高麗時代已經有了詩、書、畫三絕一體的文人畫。不過，那時因爲貴族社會輕視繪畫風習，當時只有四君子、歲寒三友等主題的畫法。此一文人畫風的傳入，應該得力於當時北宋與高麗相當繁密的經濟往來，和兩國派遣使節團的相互交流。鄭昶「中國畫學全史」云：

「宋之盛時，遐荒九譯來庭者，相屬於道，高昌、高麗、日本、印度等因政治或商務之關係，交通尤繁頻，高昌國畫，時有傳入中國者，其作法大概用銀箔子及米墨，點點如雨洒紙上。」

（註一八）。

又云：

「高麗敦尚文雅，渥被華風。其技藝之精，尤足稱道，我國收藏家，往往有其畫蹟。而彼國使至中國，亦頗徵收名蹟，供摹習焉。熙寧七年，畫使金良鑒入貢，訪求中國畫，稍精者，十無一二，然猶費三百餘緡。……」（註一九）

按以上的記錄，可推知當時北宋與高麗的親密關係。而在高麗也充分反映由宋傳來的文人畫思想，就是當時善畫者甚多，著名的畫家有：金富軾（公元一〇七五～一一五一年）、仁宗（公元一一〇九～一一四六年）、鄭敍（？～一一七〇年以後）、安置民（十二、十三世紀）、丁鴻進（十二、十三世紀）、李仁老（公元一一五二～一二二〇年）、李嚴（公元一二九七～一三六四年）、釋行（十三、十四世紀）、尹泙（十四世紀）、車原頫（公元一三三〇～？）、釋豐（十四世紀）、尹三山（十四～十五世紀）、海涯（十四～十五世紀）等人。其中金富軾的父親極爲仰慕蘇軾，所以爲其子取名字時，特別引用蘇東坡兄弟的名字，而取爲「富軾」「富轍」，這是很有名的文人軼事。又在當時文人李仁老的「破閑集」中，題金君綏（公元一一二三年～？）畫，曾云：

「雪堂居士以詩名，墨戲風流亦寫生。
遙想江南文笑笑，應分一派寄彭城。」

又崔滋「補閑集」中，有金君綏自題畫，云：

「南行數千里，厭見林林竹如簀，嫌君煩鈍手，傭畫繪胸中，千畝鬱鬱萬餘丈，一幅金牋何窄窄。尹不見長沙地自徧，大王舞袖非不翩翩，寬且大。」（註二〇）

文中的「雪堂」卽指蘇東坡，「文笑笑」卽指文同，而文句中描述的也全是中國景物印象，「長沙」是今日湖南省長沙市，而「傭畫繪胸中」，也蘊含了「胸中丘壑」的文人思想。又徐居正對尹三山畫竹，題云：

「子膽（蘇東坡字）已逝子昂非，爲竹寫眞天下稀，今日鈴平遺墨在，風流清韻正依依。」

又李圭報對鄭得恭（公元十二～十三世紀）鯉魚畫云：

「……鄭君胸中江海寬，養得神魚數百尾，一掃鮫綃僅十幅，玄駒亦驥雜黃雉。」

都吻合北宋蘇東坡的「寫胸中之逸氣耳」、「論畫以形似，見與兒童鄰，作詩必此詩，定知非詩人」的意思。都可作爲中國文人畫思想，在十二、十三世紀傳入高麗時代的最好證明。當時模仿蘇東坡的文學盛行事實，依李圭報「答全履之論文書」云：

一九今爲試者，尤嗜讀東坡之文。故每歲榜出之後，人人以爲今年又三十東坡出矣。」（註二一）

這種宋、元文學與文人畫東傳的情形，也可以在歷史文獻上找到證據。在十三世紀高麗忠宣王（公元一二七五～一三二五年，壬位公元一三〇八～一三一三年文間任位），在元朝大都建立「萬卷堂」，當時高麗名人李齊賢、李嚴，與中國文人趙孟頫、元明善、閻復、姚遂、虞集等交遊。除了「萬卷堂」是高麗與元朝間文藝交流的橋樑地外，而忠宣王與元魯國大長公主聯婚，歸國時帶來許多書籍和著名書蹟、法書等（註二二）更重要的事實，是當時元代畫壇活躍的畫家，如以墨竹著名的李衎與擅長葡萄的溫日觀，溫日觀與明代的岳正，爲中國畫史上直名的水墨葡萄畫家，無疑地對朝鮮時代葡萄畫風直接有關。就成三問（公元一四一八～一四五六年）、申潛（公元一四九一～一五五四年）、申夫人（公元一五〇四～一五五一年）（圖九）、黃執中（公元一五三三年～？）、李珝（公元一五四二～一六〇九年）、李繼祜（公元一五七四～一六四六年以後）等。並自那時可能部分的傳入宋、元代文人畫風與思想。這是從「益齋集」中「蘇東坡眞讚」、「東坡題韓幹十四馬」等，考察與宋代文人畫有關的情形（註二三）。

然而，高麗未傳入南宗山水畫的問題，因爲當時畫蹟的不傳，探討上發生許多困難。其極少留存作品中，有韓國國立中央博物館所藏的，高麗末、朝鮮初畫家申德鄰（公元十四～十五世紀初）的（註二四）「山水畫」（圖十）。畫中筆觸類似披麻皴法，尤其苔點的運用，水墨濃淡變化等，都富有南宗的味道。雖然最近對這一幅畫之年代亦有懷疑，但如果是眞蹟，可算唯一的高麗末南宗畫風之畫蹟。而此問題實有繼續探討之價值。又宋世琳（公元一四七九年～？）「山水圖」（圖十一）中，前面松、竹法與後面山脈構造方法，以及用墨及筆法上，也可窺見南宗文人畫的踪跡。這類可供探南宗的畫蹟雖然不多，但根據當時繪畫的思想趨勢來看，可以推測公元十四～十五世紀之間，很可能已經有了宋元時代以文人畫爲主南宗山水畫風的出現。那麼，中國南宗畫的傳入韓國，可以區分爲下述三時期：

第一時期：自公元十二、三世紀～十七世紀中葉。

第二時期：自公元十七世紀末葉～十八世紀末葉。

第三時期：自十八世紀末葉～二十世紀初葉。

第一時期相當於中國的北宋朝盛行的文學思潮與方始興起的文人畫思想傳入以後，經過十四、十五和十六世紀至於十七世紀中葉之期間，可說都屬於宋、元的南宗畫。今日可見此時期的畫蹟，有日本奈良大和文華館所藏的徐文寶、李長孫、崔叔昌作品（圖十二）。可以充分的看出，這些十五世紀末葉的畫家們，已熟練地運用着北宋米芾父子所創始的「米家雲山」畫法（註二五）。

本來，每一畫風形成情形大致相同，就是一種外來畫法傳入時，必定其技法易於接受與迎合大家思想。米芾創始的雲山山水畫法，一般說來，技法比較容易爲人學習。這也是此一畫法早期傳入而盛行的根本原因之一。受到米家山水畫影響的畫蹟中，代表作品是李正根（公元一五三一年～？）畫的「米法山水圖」（圖十三），依其作品的題跋，可知是倣自米芾的「賞雨茅屋圖」。

十六世紀中葉，依傳許九敍寫「仿黃大癡筆意山水圖」（圖十四），可推定已有元代畫風流入（註二六）。從李英胤（公元一五六一～一六一一年）寫的「山水圖」，與李禎（公元一五七八～一六〇七年）寫的「山水畫帖」（圖十五），考察其筆法、布置、空白運用等，看出甚受南宗思想影響。李禎當時曾去過北京，親身體驗中國文化，由此可知他直接地受到明朝畫學的薰染。（註二七）並且，當時多有明代吳派名家畫蹟傳入。金尚憲（公元一五七〇～一六五二年）在其所撰「清陰集」中印有記述唐寅、仇英、文徵明畫的題贊。又依「宣祖實錄」卷一三二，記述三十三年庚子十二月辛未條云：

「右議政金命元啟曰：小臣前日上進文徵明書帖者，以其得於天朝之人，且聞其墨妙為一世之最，不敢掩以為私藏……。」

除此金命元進獻文徵明書帖記事外。到了十七世紀初葉，更自明傳入「顧氏畫譜」。按許穆「記言」卷十「衡山三絕貼跋」，云：

「丁酉夏，余到城中，與崔漢卿侍直論書畫。崔子為余……出其藏中古畫，得衡山三絕。蓋衡山文徵明作之。天啟中，金曾得顧氏畫譜，始見衡山筆妙，恨無由得見也，今於崔子處見之……。」

凡是，可知浙江省吳縣顧炳編刊的「顧氏畫譜」傳來韓國，乃在天啟年間（公元一六二一～一六二七年）「顧氏畫譜」作序之朱之蕃（註二八），更早在公元一六〇六年曾來韓上進宣祖「十二畫貼圖」，而跟當時朝鮮書畫家交遊，留有許多畫蹟。他極讚賞李禎的畫風。朱之蕃的入韓對南宗文人畫思想與技法傳入韓國給予機會。然而，屬於十七世紀中葉畫家中的李伋（公元一六二三年～？），他的「山水畫」上清晰地可見到米法水墨與南宗固定形式的筆法。

以上幾項說述事實以外，也有歷史的依據。每次燕京使行中皆有畫員身分者，他們到明以後流覽中國文物，而帶回不少畫蹟，只可惜今日已無法看見。

總之，雖然缺乏確切有利的資料，加以證明上述的說法，但是第一時期內，高麗時代注重文人畫東傳以來，到了朝鮮中期，卽大約公元十五世紀以後，山水畫方面，漸漸使用米法與披麻皴。有趣的，這一段時期的中國却屬於李、郭派全盛時期。因此，可稱爲「南宗傳入的基礎階段」。

第二時期，自十七世紀末始，是此前未能蔚成風氣的南宗畫風的一大轉機時間。當時活動的畫家，以鄭歚（公元一六七五～一七五九年）、姜世晃（公元一七一三～一七九一年）、沈師貞等爲代表。鄭歚以吳派與米法山水爲基礎，創立韓國前所未有的「眞景山水」。而沈師正（公元一七〇七～一七六九年）、姜熙彥（公元一七一〇～一七六四年）、張如興、金應煥（公元一七四二～一七八九年）、金允謙（公元一七一一年～？）、李寅文（公元一七四五～一八二一年）鄭遂榮等人，繼承追擬其風，形成所謂「眞景山水畫派」，不啻爲韓國美術史上偉大貢獻。其中沈師正不僅擅長沈石田與黃大癡等中國南宗主流畫法，更喜表現畫鄭歚類眞景山水。而姜世晃在甲辰（公元一七八二）年，參加進賀謝恩兼多至使（註二九），前往燕京，向其求畫者甚多（註三〇），曾自稱云：「文之退之，筆之羲之，光之兼之」。他的書法學王羲之、王獻之、米芾、趙孟頫，畫法學米芾、黃公望、沈周、董其昌（註三一）。

這一時期內，一面盛行元四大家與沈周、文徵明等吳派畫風，傳入晚明董其昌的繪畫理論；一面也傳入清代畫壇代表者，如：四王吳惲、揚州八怪畫風。特別是流行黃公望、倪瓚、沈周、文徵明畫的倣作，形成南宗獨霸畫壇的局面。仿臨方法，以燕行使節帶來的畫蹟與已經流入的「顧氏畫譜」、「芥子園畫譜」、「十竹齊畫譜」等爲對象。

終於，鄭敾（公元一六七五～一七五九年）一派自南宗畫法基礎上成立韓國獨特的「眞景山水」畫風，被當時金正喜等許多燕行士大夫與名書畫家，無所批判地崇仰中國書畫的思想所淹蓋；到了十九世紀便逐漸全然消滅。這實在是韓國畫史上令人惋惜不已的事情。

第三時期：爲十九世紀朝鮮時代，由於社會變遷與階級對立的緩和，使得平民文學蓬勃興發，中等階層對詩、書、畫思想也發生興趣。社會上刋行許多繪畫方面的書籍，如：金正喜（公元一七八六～一八五七年）的「秋史集」、趙熙龍（公元一七九七～一八五九年）的「壺山外史」、劉在建的「里鄉見聞錄」等。這些文藝活動的活躍開展，根本原因是基於朴楚亭、申緯、洪顯周、金魯敬父子（卽金正喜）等人的燕行結果，與兩國間民間經濟貿易的發達，以及清朝文化輸入刺激所致。

其中的金正喜，二十四歲時卽參加燕行行列，受到中國文人畫深遠的影響，集詩、書、畫於一身，因而形成金正喜一派，如權敦仁（公元一七八三～一八五九年）、趙熙龍（公元一七九七～一八五九年）、許維（公元一八〇九～一八九二年）、田琦（公元一八三五～一八五四年）、李昰應（公元一八二〇～一八九八年）等人，都是此派之著名人物。不過，他們一方面仰慕清朝文化，使鄭歚創始的「眞景山水」與申潤福、金弘道善的「風俗畫」，幾乎瀕臨根絕。其中的許維一心師學元代的黃公望和倪瓚，他的後代米山、瀅、榵、百鍊等亦復如此，至於今日猶有承繼衣鉢者。此外，末葉代表畫家張承業，雖然兼善南北二宗，特別注重南宗典型畫風。當時最流行的中國畫風是「簡潔取勝」、「淡泊空靈」、「疏林平沙」、「水光山色」、「草亭茅舍」、「中間空白代表一片水」的倪瓚繪畫。

這種畫壇趨勢，到了二十世紀，以金秀哲、洪世燮等一些具有新觀念的畫家，試圖加入各種個性的現代造形感覺實驗，不過因爲處於政治的轉換時期，並未獲得成功的結果。

總之，南宗繪畫傳入韓國，第一時期是南宗文人畫思想的傳入與奠立各種基礎方法的階段。第二時期是南宗畫展開而趨向流行以及鄭歚「眞景山水」畫法成立。第三時期是朝鮮畫壇南宗畫大發異彩，以至末葉形成新的繪畫思潮，直到二十世紀初葉西方美術的傳入。

第三節　韓國繪畫形成之條件與性格

自古以來，韓國半島因爲地理位置與中國大陸相接，故深受中國流行繪畫思想與潮流的影響，但韓國繪畫產生的基本觀念，文化背景條件，都與中國有很大的差異。然而在接受影響過程中，韓國的畫家們都是無所批判與無所選擇的一味地接受各種風格。這種風氣乃是造成朝鮮時代後期一些韓國獨特畫風消滅的根本要因。

然而，南宗畫本是唐代王維成立，後人繼續承襲發揚，到了元明二代形成的繪畫主流。不過，韓國傳入的時期却在王維以後約六世紀的事，因此對於南宗畫的認識本質，吸收的方式，以及開展的狀況，都跟中國相差很多。以下分析與中國不同的條件與性格。

第一點：中國繪畫的南北分宗多少與其地理的環境有著密切關係，即北方地形「雄渾峻峭」，與南方的「秀逸搖曳」「含蓄瀟灑」不同，此特色正代表兩大畫派的性格，這對繪畫的形成與發展過程中有著決定的因素。

但是，南宗傳入韓國以後，在完全不同的環境背景下展開，使得每種畫風都趨於相似一致，因爲韓國畫家多數只是臨摹、因襲中國畫法的。這種於畫基本過程應該經過「形似」，然後達到「寫意」高深境地的形式，無法引起得之於心、寫之於手的內外合一的創作效果。

第二點：本來中國南宗畫者，皆須具有崇尙的文人思想，尤其元四大家以後，此理想臻於最高階段，繪畫能夠達到高逸淸雅的境界，表現古淡深邃的世界，如有「形而上學」的脫塵生活。正如明末倡導南北分宗論者之一莫是龍云：

「胸中丘壑，不行萬里路，不讀萬卷書，欲作畫，祖其可得乎？此在吾曹勉之，無望于……。」（註三二）

但朝鮮時代擅長南宗畫者，他們的社會身分則無論如此，包括有學文、畫員、王公士大夫、中人等。如朝鮮後期代表南宗畫家的約六十餘名中，畫員身分十五名，以外都是士大夫身分、中下階級身分者；而這些士大夫畫家大部分是政府的高級官員，他們對書法的認識與一般社會人士的意識一樣，認爲繪畫是工作餘事與修養生活之極少一部分而已，並不重視繪畫。另外是畫員畫家的繪畫多欲迎合當時王公貴族的喜嗜與要求，故形成定形的御用畫風，不留意眞正繪畫境界。以上這些事實引起眞正藝術創造行爲上許多難以解釋的問題，即畫風之接受以後，不足眞正獨創自己的個性，並大膽地改變傳統畫法，而有所革新創造面。所以這些善畫者在意識上雖極力追從南宗的精神哲學，但在技巧上却無法配合而有所差異，只停止在文人畫表現的形式上，不能轉化到繪畫本質的較高境地。這雖然不是畫壇全體的趨勢，但是相當普遍的現象。

第三點：中國南宗畫的起源，與禪宗思想有着密切的關係。中國歷代南宗畫家受到禪學的影響，同時也揉合了道、儒二家思想。但在朝鮮時代雖然曾經排斥佛政，但是一般國民基本觀念上仍存有佛教思想，注重儒家主義，結果盛行尊重詩文思想，這是引起朝鮮時代文人畫流行的基本原因之一。然而「性理學」以後極盛追求現世主義的「實學思想」，成爲朝鮮後期社會思想的巨大背景，也形成主張「實事求是」的近代實用主義思想的由來。這與當時盛行的南宗思想，有些不同的境界。

並且，除了金正喜、許維等一部分作家以外，畫家與佛禪者往來不多，因此可知他們對禪學並非眞正深入地追求所謂「畫三昧、禪三昧」的境地。這自然可以想像到在繪畫上反映禪學的成分極少。

第四點：公元一六八七年在西洋已經發表了牛頓（NEWTON）（公元一六四二～一七二七年）

的「萬有引力法則」（the law of gravitation）。而一九八一年也出現了康德（Kant）的「純粹理性批判」。這種科學與哲學方面的西洋文明達到激進的變革期；同時清朝方面，郎世寧（Gastiglione，義大利人，公元一六八八～一七六六年）來到北京，供奉清庭畫院如意館，帶來了西洋畫技法，學習運用朗世寧光影畫法的中國畫家，有：焦秉貞、冷枚、丁觀鵬等。而這派畫法的傳入朝鮮，是在十八世紀中葉，隨著中國文物交易的通路，與其俱來的，是西方文明中的科舉、分析、實證理論等。在朝鮮受這西洋畫法影響的畫家，有尹斗緒（公元一六六八年～？）、卞相璧（公元十七、八世紀）、金斗樑（公元一六九六～一七六三年）等人。這在末葉歷史的過度期中乃是當然的一種轉移形勢。在此同時，也引起追求南宗畫境的趨向，可以說在同時間內發生了兩種極相異的畫風。這點也與南宗在中國自唐以來繼承發展的背景，有着極大的不同處。

第五點：朝鮮中葉（即十七世紀）以後的繪畫，在中國相當於晚明時期，正是南北分宗論成立以後。至於清代的繪畫正受到擬古畫風繼續支配，而引起山水畫日漸的衰退，同時盛行的花鳥、人物、四君子畫，其風格反而能夠發揮新思潮與個性的表現，這種趨勢對朝鮮繪畫有重大而直接的影響。這是，對韓國南宗畫風影響的一段重大時期中的極大影響，但也是自然的事實。

此外，在中國南宗畫家中，不僅有「水墨爲尚」的思想，也有兼善北宗彩色畫的，用意在於了解使用色彩感覺，以遏止偏狹的一律畫風。但在朝鮮此狀況之例子極少。他們多是臨模前人的正統水墨的畫法；同時在臨倣前人畫蹟時，中國畫家能夠看到具代表性大家的眞蹟，因此可以正確地瞭解與掌握其特色，再加以模寫。但是，朝鮮的畫家只能看到極少的傳入畫蹟，雖然部分畫家燕行時見過眞蹟，但只是一時的欣賞機會而已。所以整個畫壇趨勢，是畫家特別重視那些不可多見的古人畫蹟與各畫譜。世界每個時代畫風條件都相同，一個畫風從別的國家傳來時，當然作用不同的環境下其民族的性格。由此，以上地域、宗教、哲學、身分、時代的背景等諸多條件，皆可歸結爲形成韓國的南宗畫性格。

第四節　南宗傳入韓國以後畫風之變化

在朝鮮時代自初期到中期，盛行的是中國的「李郭派」、「院體派」與「浙派」畫風；到了後期完全轉向南宗一派。其畫風傳入以後，各方面變化的景象如下：

第一、題材的變化：以前是模寫雄渾峻峭的北方地形，至此轉變爲和柔水土、瀟灑蒼潤的南方景色，而善平面、部分的構圖以及在注重山水畫以外，也寫四君子、歲寒三友等，以表明文人、士大夫的志節。

第二、技法的變化：在皴法方面不用大小斧劈皴與直線的筆法，以及對角構圖；多用米點、披麻、解索、折帶皴等，而大部分用柔軟的線條及平遠構圖。並且初中期使用的色彩混用實例極少，盛行淡雅的「水墨蒼勁」「磊落蘊藉」畫風。

第三、有許多倣作：晚明分宗論者多主張，達到神妙之境的重要方法是臨摹古人作品，如董其昌云：

「畫平遠師趙大年，重山疊嶂師江實道，皴法用董源麻皮皴及瀟湘點子皴，樹用北苑，子昂二家法，石法用大李將軍秋江待渡圖及郭忠恕雪景。李成畫江，有小幅水墨，及著色青綠，俱宜宗之。集其大成，自出機軸。」（註三三）

這種重視臨摹過程，也可視為如董其昌的「讀萬卷書，行萬里路」理論的實踐。其思想傳入朝鮮後期畫壇以後大為流行，當時以「芥子園畫傳」、「佩文齊畫譜」、「顏氏畫譜」、「佩文齊廣群芳譜」、「十竹齊畫譜」、「小山畫譜」等古法畫譜為稿本，而倣中國畫家作品亦不少。其主要畫家與畫蹟如下：

姜豹庵倣沈周「碧梧清暑圖」、李小塘倣黃公望「天池石壁圖」、金阮堂倣元人「山水圖」、許小癡「倣黃子久碧清溪青嶂圖」、「倣倪雲林法竹樹溪亭圖」、「倣倪雲林秋山負手圖」申命衍「臨郭熙秋林讀書圖」、李漢喆「倣黃鶴山樵王蒙法山水圖」、「倣倪雲林山水圖」、大院君「倣趙子昂筆意墨蘭圖」、田古藍「倣倪雲林法山水圖」、倣董其昌法「柴門月色圖」、倣倪雲林法「秋山雜樹圖」、劉蕙山「黃大癡筆意淺絳山水圖」、劉蘅堂「倣黃子久秋樹溪亭圖」、張承業倣玄宰法「楓林山水圖」、「橋邊攬瀑圖」、倣倪雲林法「山水圖」、「湖山漁隱圖」等，蔡嘉「倪雲林法山水圖」、「黃公望法山水圖」、「米南宮法山水圖」、尹養根倣董其昌法「山水圖」……（註三四）。

按前人倣畫作品中最多的爲黃大癡與倪雲林法，其數量甚多，可能形成朝鮮後期繪畫主流，這種「漸趨簡淡」、「平坡一抹」的平遠山水，「一變古法以天眞幽淡爲宗」的滄浪漫士倪雲林，與「沉鬱變化」、「山多礬頭」、「淺絳畫法」的黃大癡畫法，實在是中國南宗畫的至高妙境。也正是詩、書、畫三絕的眞正調和世界。不過，朝鮮後期畫壇許多畫家因爲不同的歷史背景，或有缺乏文學修養者，只是千遍一律的模倣，終於引起韓國美術史上進步的一大障礙。

第四、題跋之盛行：本來南宗文人畫中欲追求的理想是詩、書、畫三絕一體。其表現方法是以在作品畫題上顯示出來一面可表現出作家的哲學、宗教、文學等個人的人生觀，一面添加書法之妙美，作品以表達到更高調和境界。在中國元代的四大家，已達到相當成功的境地。而其傳入朝鮮以後，李麟祥（公元一七一〇～一七六〇年）、權敦仁（公元一七八二～一八五九年）、金正喜、田琦（公元一八二五～一八五四年）、許維（公元一八〇九～一八九二年）等後期大部分畫家，也都提出畫題，形成一大潮流。不過，在一部分的畫家中，爲了配合筆法與構圖的形式化，甚至於無論畫意，也題上一律的詩句與文章，因而形成與繪畫作品無關、無意義的繪題與作品，也產生各自分離的現象。

【注　釋】

註　一：李成桂建立的朝鮮（公元一三九二～一九一〇年）稱爲「朝鮮王朝」，或略稱爲「朝鮮」，而這名稱與「古朝鮮」不同。並且除了「朝鮮王朝」以外也有「李氏朝鮮」（或「李朝」），不過本論文統一使用，正式國號「朝鮮王朝」或「朝鮮」。

註 二：參見李基白撰「韓國史新論」第二二八頁。一九七〇年一月二十日，漢城，一潮閣。

註 三：見李相佰撰「韓國文化史研究論考」第一六八頁。一九四八年六月，漢城，乙酉文化社。

註 四：太宗二十三年閏十一月壬申，司憲府上疏，「世宗實錄」卷九四，第一五～七丁。

註 五：「太宗實錄」卷卅四，第二八丁，十一月壬子朔條。

註 六：參見千寬宇撰「韓國實學思想史」，載於「韓國文化史大系」VI第九八三～九八九頁。一九七二年八月，漢城，高大民族文化研究所編。

註 七：見千寬宇撰「韓國史의再發見」第二十五頁。一九七九年二月，漢城，一潮閣。

註 八：參見「燕行錄選集」上、下。一九六〇年刊，漢城，成均館大學校大東文化院。

註 九：見同註七，第一〇〇～一〇一頁。

註一〇：「契」是追求一種現實的利益目的，有宗契、同契、婚喪契、洞契、提堰契等。

註一一：見全海宗撰「韓中關係史研究」第三十一～三十二頁。一九七〇年，漢城，一潮閣。

註一二：見同註一一、六五表。

註一三：見李東洲撰「韓國繪畫小史」第一六〇頁。一九七二年四月，漢城，瑞文堂。

註一四：見金元龍撰「韓國美術史」第九頁。一九七三年七月，漢城，汎文社。

註一五：見安輝濬撰「朝鮮王朝後期繪畫의新動向」載於「考古美術」第一三四號第九頁。一九七七年六月，漢城，韓國美術史學會。

註一六：參見安輝濬撰「韓國繪畫史」第一三八頁。一九八〇年七月，漢城，一志社。

註一七：安輝濬先生在「韓國山水畫의發達研究」，載於「美術資料」第二六號第二十五頁。一九八〇年六月，漢城，國立中央博物館。

註一八：見鄭昶撰「中國畫學全史」第廿五頁。民國六十二年十月，台北，中華書局。

註一九：見同註一八，第二五五頁。

註二〇：見崔滋撰「補閑集」。高裕燮編「朝鮮畫論集成」上第八一頁。一九七六年四月，漢城，景仁文化社。

註二一：見文璇奎撰「韓國漢文學史」第一一三頁。一九七六年三月，漢城，正音社。

註二二：金安老撰「龍泉談雜記」云：「高麗忠宣王任燕邸構萬卷堂，召李齊賢置府中與元學士姚遂、閻復、元明善、趙孟頫遊，圖籍之傳多所闢秘，其後魯國大長公主之來，凡什物器用簡冊書畫等，物船載浮海，今時所傳妙繪寶軸，多其時出來云。」見高裕燮編「朝鮮畫論集成」下，第四三一～第四三二頁。一九七六年三月，漢城，景仁文化社。

註二三：參見高裕燮編「朝鮮畫論集成」上，第一〇六～第一〇八頁。一九七六年三月，漢城，景仁文化社。

註二四：字不孤，號醇隱，高靈人，官禮義典，善書畫，八分體揮灑，筆法奇絕。見劉復烈編撰「韓國繪畫大觀」第四九頁。一九七九年五月，漢城，文教院。

註二五：安輝濬撰「韓國山水畫의發達研究」、「美術資料」第二六號第二五頁。一九八〇年六月，漢城，國立中央博物館。

註二六：許九敍其作品畫題云：「嘉靖三十一年（公元一五五二年）壬子夏仿黃大癡筆意。」其畫蹟眞實問題有許多異見。不過無論如何，可知當時黃公望類型的畫蹟已經存在韓國。

註二七：崔岩撰「簡易堂集」云：「送李禎從鄭亞判赴京」以及申欽撰「象村集」云：「李生禎世業畫生亦以畫名于世赴燕也。」

註二八：「中國畫家人名大辭典」第九九頁云：「金陵人，字元介。山水與南宮、仲圭等奪眞。竹石兼善東坡與可之妙。兼工花卉。書眞行法松書。出入平原。日可萬字……獲厚貲以歸。盡賣法書、名畫、古器。收藏之富……。」

註二九：詳見本論文第三章第一節。

註三〇：鄭元容撰「經山集」云：「中朝人慣用公書畫名，求者雲集，或得片紙，競以重價爭購。」

註三一：見崔淳姫撰「豹庵遺稿解題」，載於「精神文化」通卷第六號。一九八〇年四月，漢城，韓國精神文化研究院院報。

註三二：見莫是龍撰「畫說」。

註三三：見董其昌撰「畫旨」。

註三四：參見洪勇善撰「董其昌의尙南貶北論이李朝末期繪畫에끼친影響」第六六～第六七頁。一九七二年，漢城，弘益大學校大學院碩士論文。

第四章　受南宗畫風影響之代表畫家與畫蹟

第一節　概　論

朝鮮時代前、中、後期書畫家人數，依吳世昌「槿域書畫徵」記載，所述如下：前期書畫家共二二一人，書畫兼善者三一人，善書者一三三人，善畫者五七人。中期書畫家共二七九人，書畫共善者三三人，善書者一六四人，善畫者八二人。後期書畫家共三七一人，書畫兼善者五一人，善書者一三二人，善畫者一八八人（註一）。

按以上統計，可知後期純粹畫家人數爲前期畫的三倍，後期繪畫不僅是韓國美術史中最盛時期，同時也引起繪畫思潮上許多各式各樣的問題，而這段時期完全是南宗全盛時代，由此可斷定後期十分之八以上的畫家是與南宗畫風具有密切關係者。敍述這麼多畫家的範圍實在太廣，所以選出幾位重要的畫家來討論。

南宗畫在十四世紀至十六世紀中葉之間傳入，以後經過自十七世紀，雖然仍止於部分的研習，却繼續生長發展。而在多以四君子等爲題材的文人畫方面，因爲王公士大夫之間崇尚文學的思想與喜將詩、書、畫結合一體的潮流，在初期以來善此道者甚多。其代表者如下：文宗大王（公元一四一四～一四五二年）、朴彭年（公元一四一七～一四五六年）、李霆（公元一五四一年～？）、金世祿（？～？）、申思任堂（公元一五〇四～一五五一年）、魚夢龍（公元一五六六年～？）、許穆（公元一五九五～一六八二年）、李伋（公元一六二三年～？）、洪受疇（公元一六四二～一七〇四年）等，可謂不勝枚舉。在他們的社會意識下所造成的環境背景，也是促使南宗畫在後期興起的重要原因之一。

朝鮮後期的南宗畫派可大致分爲五種。其一爲在十八世紀初葉之後展開的鄭敾（公元一六七五～一七五七年）爲首以南宗爲基礎，以韓國實地寫生的「實景山水」畫風（註二）。第二是擅長中國的定型山水畫風，即注重董、巨以來米芾、黃大癡及沈石田等畫家的南宗定形畫風。第三是自十九世紀初葉後，以金正喜爲中心流行中國繪畫思想中石濤、倪雲林法、揚州八怪等南宗文人畫的風格。第四是以四君子爲中心的南宗文人畫風，善於此道者多爲王公、士大夫。第五是後期末葉興起的新思想畫風。不過，這種分類法又因每位畫家同時善於幾種風格，所以畫家個人屬於何種風格是難以界定的。例如：或有兼善南北宗派者，又或有師承關係，但又能青勝於藍者，如此，畫風的相互影響與揉合，是難以歸屬於何派的。

朝鮮時代後期活動的主要南宗畫家如下：鄭敾（公元一六七五～一七五九年）、趙榮祏（公元一六八六～一七六一年）、沈師夏（十七、十八世紀）、沈師貞（公元一七〇七～一七六九年）、李麟祥（公元一七一〇～一七六〇年）、姜熙彥（公元一七一〇～一七六四年）、李匡師（公元一七〇五～一七七七年）、金允謙（公元一七一一年～？）、姜世晃（公元一七一三～一七九一年）、釋幽賴（十八世紀）、崔北（十八世紀）、申漢枰（公元一七二六年～？）、張始興（十八世紀）、柳煥德（公元一七二九年～？）、元命雄（十八、十九世紀）、金履赫（十八、十九世紀）、朴趾源（公元一七三七～一八〇五年）、李維新（十八、十九世紀）、李士仁（十八世紀前半～十八世紀後半）、金應煥（公元一七四二～一七八九年）、李寅文（公元一七四五～一八二一年）、金弘道（公元一七四五～一八一五年）、金得臣（公元一七五四～一八二二年）、金碩臣（公元一七五八年～？）、李喜英（？～一八〇一年）、丁若鏞（公元一七六二～一八三六年）、尹濟弘（公元一七六四年～？）、李義養（公元一七六八年～？）、李在寬（公元一七八三～一八三七年）、權敦仁（公元一七八三～一八五九年）、金正喜（公元一七八六～一八五七年）、金良驥（十八世紀後半～十九世紀前半）、洪大淵（公元一七四九～一八七六年）、趙廷奎（公元一七九一年～？）、趙熙龍（公元一七九七～一八五九年）、金昌秀（十九世紀）、姜縉（公元一八〇七～一八五八年）、許維（公元一八〇九～一八九二年）、李漢喆（公元一八〇八～一八八〇年以後）、金秀哲（十九世紀）、南永魯（十九世紀）、田琦（公元一八二五～一八五四年）、劉淑（公元一八二七～一八七三年）、朴基駿（十九世紀）、劉在韶（公元一八二九～一九一一年）、趙重默（十九世紀）、洪世燮（公元一八三一～一八八四年）、張承業（公元一八四三～一八九七年）、許瀅（十九世紀前半～二十世紀初半）、趙錫晉

（公元一八五三～一九二〇年）、安中植（公元一八六一～一九一九年）、丁學秀（公元一八八四年～？）、高羲東（公元一八八六～一九六五年）等五十餘人，而他們大部分兼文人畫，並且注重四君子畫家中代表者如：柳德章（公元一六九四～一七七四年）、正祖大王（公元一七五二年～？）、林熙之（公元一七六五年～？）、申緯（公元一七六九～一八四五年）、宋祥來（公元一七七三年～？）、李公愚（公元一八〇五年～？）、鄭兌五（十九世紀）、申植（公元一八一一年～？）、李是應（公元一八二〇～一八九八年）、方允明（公元一八二七～一八八〇年）、楊基薰（公元一八四三年～？）、安健榮（公元一八四五年～？）、安修勉（公元一八四七年～？）、尹永基（十九、二十世紀）、趙周昇（公元一八五四年～？）、金應元（公元一八五五～一九二一年）、朴箕陽（公元一八五六～一九三二年）、徐丙五（公元一八六二～一九三五年）、閔泳翊（公元一八六〇～一九一四年）、金圭鎭（公元一八六八～一九三三年）、金有澤（十九、二十世紀）等。以上皆屬南宗文人畫家，又皆善詩、書、畫三絕。其中有些畫家却能創造出自己獨特的意境。以下將依前面所提五種風格中比較重要的畫家二十三位，加以介述。其中因鄭歚在韓國美術史上地位極高，有相當偉大的貢獻，所以獨立一節。選定畫家如下：第二：定型山水畫派，此派有許多畫家，其中最具代表性者爲沈師正、姜世晃、崔北、李寅文，又稱爲「中國畫派」。第三：以金正喜爲中心，其中代表者爲許鍊。第四：以四君子的文人畫派，此派畫家甚多，而有相當高超的造詣者是申緯。第五：後期末葉興起新思潮畫風，代表者是金秀哲、田琦。也有朝鮮五百年繪畫史中畫風較特別的兩位，乃後期初葉尋求獨創個性意境的李顯祏與末葉係出天才畫家張承業，他們多善於各種奇妙個性畫法，故不隸屬於一種畫法。

第二節 代表畫家與畫蹟

一、鄭歚

字元伯。號謙齋、蘭谷。光州人。爲鄭時翊的兒子。生於肅宗二（公元一六七五）年，卒於英祖三五（公元一七五九）年（註三）。享年八十五歲。作過圖畫署畫員、縣監、僉正。善山水、人物、花鳥、翎毛、草虫、四君子等。畫風採用元四大家、吳派、浙派、院體畫、清代各種畫風，不過以他豐富的繪畫史的知識與從南宗獲得的基本畫法，加以變化，創造獨特「眞景山水」形式。這對當時因襲古代畫風不求創新的圖畫署畫員，提示了新穎的繪畫路子，也對韓國美術史發展作了偉大的貢獻。

鄭歚本身極具繪畫天賦，但至三十歲仍無職業，那時因金昌集（公元一六四八～一七二二年）的推薦，未經考試而入圖畫署，以後能力爲人肯定，出任陽川等三縣縣令，擢升到從四品可導寺僉正（註四）。

他又精研易占、性理方面學問。與趙榮祏、李秉淵、金壽增、金昌業、申維翰、金允謙等當代名人交遊。雖然今日無法看見當時記錄，但有著書「圖說經解」。

「蒼岩集」、「壽職同樞序」云：

「翁雖清貧、內有居室子孫之樂、外有食祿任宦之榮。」（註五）

他的繪畫特色，「壯健雄渾、浩汗淋漓」、獨自用垂直、水平皴法，故被稱爲「東國第一神筆」。

「錦石集」中批評其畫云：

「……余乞畫得一小幅、峰巒稠疊、雲煙杳漠、紙不盈數尺而其氣勢之雄健活潤、瑰奇幽窅、淺深遠近、靡有不極臻其妙奧、莫測其變化。」（註六）

鄭歚在韓國繪畫史的地位享譽極高，與安堅、金弘道、張承業合稱爲「朝鮮四大家」，其對後世之影響極大，所以在本論文本章第三節詳細記述。

二、沈師正

字頤叔。號玄齋。青松人。爲竹窓沈廷胄子。生於肅宗三十三（公元一七〇七）年，卒於英祖四五（公元一七六九）年。年六十三歲。

沈師正善山水、花鳥、人物、雲龍等，而寫山水畫中，也有人物、風俗、實景山水。「玄齋畫帖」云：

「玄齋於繪事、無所不能、而最善花卉草蟲、其次翎毛、其次山水、而大用工於山水、至於人物非其所長。」

又「並世集」云：

「小時師鄭元伯、爲水墨山水、究觀古人畫訣，目到心解、始乃一變其所爲、爲悠遠蕭散之態、以力洗其陋、及夫中歲以來、融化天成。不期於工、而無所不工。嘗畫觀音大師及關聖帝君像、皆獲夢感。有使燕還者云：燕市中、多貨居世畫者、惟其自小至老五十年間、憂患佚樂、無日操筆、遺落形骸、咀吮丹青、殆不省窮賤之爲可苦、污辱之爲可恥、故能幽通神明、遠播殊俗。」（註七）

他的活動時代爲朝鮮英正祖（公元一七二五～一八〇〇年）時期，爲當時畫壇的代表者。那時朝鮮畫壇變遷的趨勢傾向院派、浙派、北宗到吳派、南宗畫風的過渡期形態，同時也盛行實景山水、風俗畫，當時實在是朝鮮時代繪畫的黃金時期。

沈師正，本來是士大夫出身，但他始終孤獨一生，而全神貫注於繪畫。他的繪畫傾向可區分前後二期：前期是至公元一七四〇年到公元一七五〇年頃；後期是至公元一七五〇年到公元一七六九年卒（註八）。前期繪畫注重平遠的構圖，並用柔軟的秀潤筆致表現。後期則用高遠的構造與剛直筆致，並多用米點。而他早期的繪畫，有許多倣效中國畫家，所仿者如下：王維、荆浩、黃筌、董源、巨然、馬遠、夏珪、李唐、吳鎭、倪瓚、王蒙、沈周、文徵明、仇英、四王吳惲、弘仁等中國南宗的正統畫法，此外也深受高克恭、米芾的影響（註九）。「松泉筆談」中云：「沈玄齋、專尙中華、巨細俱宜」而姜世晃「玄齋畫帖」中題跋云：

「玄齋學畫、從石田入手、初爲痲皮皴、或爲米家大混點、中年始作大斧劈。」

由上可知他多學中國畫法，他的繪畫風格奇妙，縱橫奔放。他的繪畫時期可依蹟中所署年款中，推定從公元一七四〇年作「舟遊觀瀑」，到公元一七六八年作「蜀棧圖卷」，相當三十餘年的時間。

他的畫蹟中有署明年款者，其中屬於前期的淺有「舟遊觀瀑」（公元一七四〇年）、「江上夜泊圖」（圖十六）（公元一七四七年）、「疏林茅亭」（公元一七四九年）、「二隱圖」（公元一七五四年）、「武陵桃源山水圖」（公元一七五六年）等五件；屬於後期的，有「溪山高居圖」（公元一七五八年）、「多景山水圖」（公元一七五八年）、「山水圖二點」（公元一七五九年）、「紫門月色圖」（公元一七六一年）、「霸橋尋梅圖」（圖十八）（公元一七六六年）等，有十五件之多。

沈師正師從鄭歚，不過畫法上與鄭歚實景山水相差很多，依他的前期代表作「江上夜泊圖」看，使用濃墨，大小米點，披麻皴，苔點等，畫面平遠，秀潤靜逸，這都是南宗傳統的畫風，與董源、巨然、米芾、高克恭畫風相同（圖十七）。除此以外，前期有關中國南宗畫蹟，有「倣巨然法」、「題倣倪雲林筆意」、「松竹茅亭」以及倣梅花道人在「山水圖」等；到了後期，較多倣元四大家與沈石田，在「溪山高居圖」中自題云：

「黃大癡傳沈啟南，筆端虛實玅相參，滿山草樹皆空幻，東國玄齋繼盛三。」

後期畫蹟中的「多景山水圖」，也是倣沈石田筆意的。而沈師正五〇年代以後還可作爲代表的，有「霸橋尋梅圖」。從這作品的構圖上可見浙派的風格，但把各部分仔細分析，在皴法、筆線上有許多南宗的感覺。這作品屬於晚期，是融合馬夏派、浙派、元四大家、吳派畫風的時期。

沈師正的繪畫，因爲表現了極多的中國畫風，故描寫韓國風景時，有著不見此山此水的感覺，所以姜豹庵京ロ八景幅中「江巖波濤」（圖十九）中題跋云：

「削壁峻峭，高入雲霄。長松離立，掩映烟村。天外奇峰，特排黛屏。毋論畫品，如何此景，果在王城近地耶。」（註一〇）

沈師正在韓國繪畫史的地位很高，可能是對中國董、巨以下，元四大家，吳派等南宗正統畫風的早期眞正領悟玄機者，今日學者稱他爲「國際派」。沈師正，他是朝鮮後期南宗畫風的主要先驅者之一。

三、李麟祥

字元靈。號凌壺觀，寶山人。全州人。生於肅宗三六（公元一七一〇）年，卒於英祖卅六（公元一七六〇）年，享年五十一歲。爲領議政李敬輿玄孫。官至陰竹縣監。善山水、人物、松、篆書。金正喜「阮堂集」對他云：

「須於胸中、先具文字香、書卷氣、爲隸法張本、爲寫隸神訣、近日如曺松下、兪綺園諸公、皆深於隸法、但少文字氣力、恨恨、李元靈隸法畫法、皆有文字氣、試觀於此、可以悟得其有文字氣、然後可爲之耳。」（註一一）

他繪畫的天賦極高，清奇古宕，逸趣橫溢。而運用佈局，筆墨，與石濤、八大山人、弘仁等時代名家相同。他平生喜愛有名的丹陽絕景，晚年隱居丹陽龜潭，建築亭台，一心繪畫。

李麟祥現存畫蹟中可代表的作品，有「寒林秀石圖」（圖二十）、「雪松圖」、「松下獨坐圖」（圖二十一）、「指頭山水圖」（圖二十二）等。這些畫都是運用類似幾何學形狀構成畫面。其中「寒林秀石圖」、「雪松圖」，松樹和山石佈置絕妙，乾、濕、濃、淡，簡率荒逸，有清峻冷秀的感覺。而扇面「山水圖」、「指頭山水」，如同二十世紀西方「新造形主義」的畫面構成。朴珪壽「瓛齋集」云：

「……作先後進、書畫翰墨、特餘事耳，然於此有可以想像神韵、領略襟期，處士平生，喜丹陽山水，一遊再遊，志在築室終老，是故每作堪巖奇石、屈崎古木、泓渟蕭瑟，非塵寰境亦可見虛士胸次，不止以畫筆古雅論也，處士書學魯公，篆文最古，其畫法又皆篆勢耳。」（註一二）

他作品獨具的清雅古逸，是南宗文人畫的意境表現，不僅在朝鮮時代的畫壇，或在東方繪畫史中的，都是極少見的例子。其畫法對金弘道（公元一七四五～一八一五年）、金得臣（公元一七五四～一八二二年）深具影響。

四、姜世晃

字光之。號豹庵、忝齋、檀園（註一三）。別稱紅葉尙書。晉州人。生於肅宗三十九（公元一七一三）年，卒於正祖十五（公元一七九一）年。年七十九歲。官至漢城判尹，善詩、書、畫三絕。善山水、四君子、疏果、花鳥。詩文上仰慕蘇東坡。一生生活安貧樂道，生性高品淡泊。他是英祖時期具代表性的士大夫畫家，以個性的、情熱的豐富的藝術性，達到奧妙畫境。朝鮮後期名文人畫家中緯

「警修堂全集」第四卷對他的畫，批評云：

「屛間水墨不畫，畫越朝鮮賦中語，英正年來漸入佳，紅葉尙書姜豹庵世晃儒氣勝，終於壓倒鄭謙齋歛。」

他晚年的高尙氣質與優雅山水意境，代表朝鮮繪畫最高峰，所以稱爲「藝苑總師」。他在爲正祖御容摹畫時，而被派爲總指揮畫師（註一四）。姜世晃書法師王羲之父子、米芾、趙孟頫。楷、草、篆、隸皆能。鄭元容在「經山集」卷十九中，云：

「漢城府判尹姜公世晃謚狀曰，書法二王、米趙（米芾與趙孟頫）、造詣精高，楷草篆隸壁窠各體、無不神妙、玉板綃牒、日推於前、各以所求者應之……。」

他的書法在中國也很有名，公元一七八四年，曾以千秋副使資格參加燕行使節，到燕京時，有許多中國人向他求書畫。鄭元容又云：

「又曰公充副价赴燕京、中朝人慣聞公書畫名、求者雲集、遼東巡撫博明曰、詩宗放翁、字有晉人風骨、日講官劉石庵鏞、翁覃溪方綱、書名重天下、見公書曰天骨開張、或得片紙、競以重價爭購。」

書法師學元四大家、沈周、文徵明、董其昌等，淋漓高雅，脫塵超逸。他的繪畫可分前期與後期兩期：前期爲五十歲以前，屬中年時期作風；後期自五十歲中葉到七十九歲逝世止，屬老年時期畫風（註一五）。他的前期畫風，因是隱居野逸生活，構圖上善黃大癡、倪瓚，技法上善沈周、董其昌，同時也受浙派影響。這一段時期風格是「淡泊清雅」「無一點塵俗意味」，而可當代表作的是英祖二十五（公元一七四九）年三十所作，現存漢城國立博物館藏之「山水圖」（圖二十三）。這幅畫多用披麻皴與米點，而以淡墨表現南宗形式的山水。依他的自題跋可知倣董其昌（註一六）。在前期留存作品中有許多「山水圖」，其畫題中描寫四時八景的最多。此外有「飛瀑垂天圖」、「早春圖」等。而至於前期末，始有濃墨的米點，到了後期更加强烈出現。並且，後期畫蹟中也多見自己的個性。多是描寫韓國的實景山水。後期作品中可作代表的，有「白石潭圖」（圖二十四）、「碧梧清暑圖」（圖二十五）、「披襟亭圖」（圖二十七）三件。其中「白石潭圖」，畫風大膽，運用米點、與直線條的筆觸，表現岩石形態，構圖極爲奇特，處處表現獨特的個性，眞是極富現代感的佳作。而倣沈石田的「碧梧清暑圖」（圖二十六），是運用老練筆法，充分表現姜世晃的古淡溫雅的文人作品。而最晚年作品「披襟亭圖」，依其題跋所云（註一七），知道這是一種實景山水，這一幅畫的風格與他的一般作品相差很多，以前倣中國南宗畫家的味道已不復存在，而是以獨創的方法來描寫重巒疊嶂。

姜世晃除繪畫外，詩書方面也頗有造詣，清朝乾隆皇帝親自賜予「米下董上」的匾額，而翁方綱也對他讚譽「天骨開張」。他於畫論研究頗深，嘗題跋於許多名蹟，發抒理論。當時他著述的「豹庵遺稿」，今日仍可見到。他對當時畫法云：

「嘗曰、右軍正傳、在於唐四家、黃蔡效唐、文祝效宋、今人欲法右軍、當先法宋明間、今之世、何可躐蹴而直接古遠乎。」

姜世晃實在是位天才橫溢的名士畫家，與鄭歚、沈師正、李麟祥等名畫家齊名，是眞正的善於南宗繪畫的先驅者。他自讚云：「文之退之、筆之羲之、畫之愷之、光之兼之。」卽文筆可比唐代韓退之，在書法可比王羲之，而在繪畫方面可比顧愷之。

五、崔北

初名植，字聖器，一字有用，後改名北，字七七，號星齋、箕庵、其齋、三奇齋等。晚稱毫生館，以毫藉生之意也。茂朱人。生卒年不可考。大約十八世紀，卒時年四十九歲。

其一生家徒四壁，閉門隱居，終日畫山水以自娛，所謂「琉璃眼鏡本筆筒，朝賣一幅得朝飯，暮賣一幅得暮飯。」（註一八）。而嗜酒，喜出遊，入九龍淵，樂之甚，飲劇醉，或哭或笑（註一九）。

善畫山水、人物、花鳥、翎毛、草虫等。其中注重山水。趙熙龍「壺山外史」中云：

「筆意蒼鬱，瓣香大痴，終以已意成一家者也。」

由此可知深受黃公望的影響，而他的繪畫也可分爲前後兩期。前期畫風是注重倣元四大家、吳派等中國定形南宗畫風與畫譜，並且寫鄭歚一派之眞景山水；後期是基於米法。山水與元四大家中黃公望、吳派，並加入眞景山水畫風，表出自己獨特意境與個性（註二〇）。

前期作品，有「山水圖」、「鳥潭三峰圖」、「田園風俗圖」、「江邊閑居圖」、「霸谷尋梅圖」（圖二十八）、「掃盧圖」、「觀瀑圖」、「山村春寂圖」、「樹下談笑圖」、「金剛山全景圖」、「海邊奇巖圖」等等。其中「霸谷尋梅圖」，是倣「芥子園畫譜」第五册「摹倣名家畫譜」中王維詩畫(圖二十九)。這幅畫代表崔北個性的畫法,成功的表現「灑空深巷靜、積素廣庭閒」的畫境,卽達到「詩爲無形之畫,畫乃無聲之詩」的境界。而「樹下談笑圖」,也以豐富實景,表現古木的實際感覺。

到了後期,可作代表的畫蹟是「米法山水圖」(圖三十)與「金剛山表訓寺圖」(圖三十一)。「米法山水圖」以老練的手法運用潑墨,米點方法以及大膽筆觸,表現雲靄的效果;而「表訓寺圖」在畫面前面左右使用米點,後面却以垂直的筆法描寫遠山等,與鄭歚的眞景山水畫風一致,也與姜熙彥、金允謙、金應煥、金碩臣、鄭遂榮等當時所稱爲「鄭歚派」的畫蹟相同。另外屬於後期作品,有「騎驢行旅圖」、「山水圖」、「水墨山水圖」、「垂釣三昧圖」、「雨添春山圖」、「夏景山水圖」、「樓閣山水圖」、「松陰觀瀑圖」、「雪景山水圖」、「雲山圖」等。

總之,崔北繪畫的成就,是居於肅宗、英祖年間畫壇的先驅地位,其中「米法山水圖」是朝鮮後期南宗畫蹟中的重要代表作。

六、李寅文

字文郁,號有春、古松流水館道人、紫煙翁等。海州人。生於英祖二十一(公元一七四五)年,卒於純祖二十一(公元一八二一)年。年七十七歲。做過畫員、官僉使等。善山水、神仙、葡萄、雲龍、蓮花、魚夫、神仙等。

李寅文與當時名士大夫、名畫家,如朴齋家、姜世晃、南公撤、金弘道、金得臣、金永晃、林熙之申緯等交遊，所以他的繪畫風格一直與文人思想有密切關係。朴齋家對他的繪畫評論：

「渴筆寫山、潑墨點樹、得明暗向背之妙諦、古松流水道人家、眉宇橫蟠十才霞、欲寫黃昏無處所、先將一鳥着枯槎。」

又姜世晃在「十友圖」畫題中云：

「寫十友圖、須得出塵之筆比幅滿滄蕩、人物林石、俱有古意眞與十友之題相稱。」

「十友圖」是李寅文最喜愛的素材，乃佛道、相面家、董其昌筆法、劍、杜甫詩、石田畫法、風樂、綠蛾酒、花溪寺人、養生法。按其包含董其昌筆法與沈石田畫法，可知與兩者畫風有密切關係；也受元四大家中黃大癡、倪瓚與明浙派畫風的影響，這是當時沈師正、姜世晃以來的繪畫趨勢。

李寅文的繪畫時期可分前、中、末期三階段（註二三）。前期階段是四十歲以前，此一時期承受董其昌、黃公望等衣鉢的清初中國畫家影響；中期是至四十歲到五十歲頃，是善於各色各樣的畫風，如米家畫法、元四大家中黃公望、倪瓚、明的唐寅、周臣、吳彬以及清初個人主義畫家的風格，並且兼善眞景山水，多用「李文郁」「李寅昭」等款識，當時流傳的畫蹟有「帝城圖」、「十友圖」、「觀瀑圖」、「漸玉亭」、「江山無盡圖」（圖三十二）等；而實景山水方面的畫蹟，有現藏漢城國立中央博物館之「斷髮領望金剛」（圖三十三）、「絡花潭」、「漸玉亭」、「鋒洞」等。其中全盛時期最傑出的作品，是以前金正喜所藏，現漢城國立中央博物館所藏之「江山無盡圖」。這幅畫是八六〇公分的長卷，可稱爲朝鮮後期最偉大的作品。其表現內容具有濃厚的中國色彩，畫法使用披麻皴、米點、大小斧劈皴等，而岩壁、山勢、樹木技法上也可見鄭歚、金弘道的趣味（註二三）。但是李寅文試圖融合許多畫風，成功的表現他的獨特偉大風格，卽這一段時期，他兼畫眞景山水，以基本米法與黃公望、沈石田畫法，而加入自己的個性。其中之代表作是「斷髮領望金剛圖」（圖三十三）。這幅畫的構圖極爲特殊，上面山勢與下面之間一片空白，最可表現遠近距離，並且運用米點、垂直皴法，與鄭歚的「金剛山圖」畫風相似。

末期爲五十歲以後老年時代，畫法上特色，是把米法的潑墨更濃墨化，而臨摹黃公望與濃厚文人畫思想時期的畫風。其中之一的代表作是「夏景山水圖」，其畫上有朴基駿題云：

「平林濃綠草青青，白竹溪扉半扇房。遠牧掃來山雨暗，床頭一部相牛經。」

這幅畫以强烈米法與公式化的吳派畫法，老練表現出風景景致。另外「大斧劈山水圖」也是代表作之一，是以大膽的大斧劈皴法爲主，爲七十二歲時的作品。其它米法畫風的「江村晴雨圖」、「四季山水圖」、「山水圖」、「四賢雅集圖」等，都屬於末期作品。

以上三個時期繪畫的畫風，皆善長各種中國風格與當時盛行的眞景山水。但李寅文繪畫的思想根源是文人的氣質，與南宗畫法極爲相關。這是從他的畫蹟中倪瓚法的「山水圖」（圖三十四）、「松溪閑談圖」（圖三十五）、以及「山窓讀書圖」上獲知。

七、申緯

字漢叟。號紫霞。平山人。府使申瓁玄孩。生於英祖四十五（公元一七六九）年，卒於憲宗十一

（公元一八四五）年。年七十七歲。官至吏曹參判。

善詩文、墨竹、山水、人物。純祖十二（公元一八一二）年受命使書狀官資格燕行，與翁方綱、羅聘、張問陶、張道渥等當時清代名人文遊。申緯幼年時學姜世晃石竹，並推崇他的繪畫。詩、書、畫都達到絕妙境地，世稱爲三絕。在「畫林新詠」蔣秋吟侍御云：

「詩近蘇黃，畫則今無其匹也。楡西館集中屢見之也。古來畫竹數文同。成竹要須先在胸。解以蘇黃詩筆寫。海東今有紫霞翁。」（註二四）

他的墨竹圖，蒼勁絕倫，健雅絕妙，是胸中逸氣之抒發。翁方綱對申緯「墨竹圖」題云：

「碧玉林深水一灣，煙橫月初海東山。却憑淡墨靑鸞尾，淨掃淸風五百間。」

目前他流傳畫蹟中「竹」（圖三十六）畫上，可見其隨筆掃灑，遒勁古拙的筆意，是許多「墨竹圖」中成就最高者。而他的畫蹟除了「墨竹圖」以外，也善畫山水、人物等，依「翁方綱小照」（圖三十七）的古淡筆線與水墨運用，充分表現申緯的高尙文人氣質。並且「扇面山水」畫法，亦極易發現清代流行的四王吳惲以來定形南宗印象。這可能是他燕行時受到影響所致，尤其依「訪戴圖」（圖三十八）、「倣米家烟雨法」（圖三十九）等畫蹟，更可確信是那時親見淸朝文物，而受南宗畫風的影響。

申緯，不僅善詩、書、畫，而且博識學問，古人名蹟上多有他題畫、鑒識等題跋，是眞正了解中國文人畫思想的朝鮮後期偉大畫家。他的高節畫法傳授次男申命衍與趙熙龍（註二五）。

八、金正喜

字元春。號秋史、阮堂、禮堂、詩庵、果波、老果、老高、老史、蘇堂、三古堂等。慶州人。西堂金魯敬子。生於正祖十（公元一七八六）年，卒於哲宗八（公元一八五六）年。年七十一歲。官至參判、判書。

善畫墨蘭、山水、動物。幼年時師朴齋家（公元一七五〇～一八一五年），而他的思想一直受到父親魯敬的影響。純祖九年九月，金魯敬任戶曹參判，同年十月二十八日冬至兼謝恩使副使資格燕京使行赴清，金正喜與父親同行（當時二十四歲），那時與清代阮元、翁方綱、朱野雲等名士交遊，而見過清朝文物。三十四歲（公元一八一九年）時文科合格；憲宗六年即金正喜五十五歲時，九年間到濟州道被放逐，回京後曾到北青又被貶放逐。他高超的藝術境界在孤獨的放逐生活中形成，並達到自我昇華的世界。

金正喜不僅善詩、書、畫，另外金石學、考證學等經學方面也極淵博，無所不能。以學文超越的境地與天才的藝術感性，創造獨特的「秋史體」，並且在墨蘭、山水畫上表現高尚超逸的文人思想。他的高潔思想中主要的基本是佛教學。朝鮮五百年之間，佛教歷史因爲斥佛崇儒政策，表面上無法展開活動，不過國民意識基本構造內却一直繼續流傳。金正喜與佛教因緣始於幼年時。因爲高、曾祖廟（忠北禮山龍山）鄉境內建有華嚴寺。當時興盛浮休（公元一五四三～一六一五年）、西山（公元一五二〇～一六〇四年）系列爲主的禪學「華嚴學」。其學派至於鞭羊的法孫喚惺志安（公元一六六四

～一七二九年）復興，爲主全羅道地方，產生許多大禪師。如雪坡尙彥（公元一七〇七～一七九一年）、蓮潭有一（公元一七二〇～一七九一年）、影波聖奎（公元一七二八～一八一二年）、默庵最訥（公元一七二二～一七九五年）、仁嶽義沼（公元一七四六～一七九六年）、海鵬展翎（公元？～一八二六年）、白坡亘璇（公元一七六二～一八五二年）、草衣意恂（公元一七八六～一八六六年）等。其中金正喜與白坡、草衣禪師密切交遊，時相討論禪理、文藝、茶道等。他且習得「華嚴經」、「法華經」、「楞嚴經」、「金剛經」、「圓覺經」等（註二六）。

然而依他的題跋、評論書畫、自題等，我們可推斷他在畫論方面也極其淵博。他書法喜好蘇軾、黃庭堅、米芾、趙孟頫、沈周、董其昌等，畫法喜好元四大家、王冕、四王、陳元素、白丁、石濤、高其佩、鄭燮、宋倫瀚、羅聘、張道渥等。而所收藏中國畫家眞蹟也不少，有沈石田、高其佩等達到幾百餘幅。

他繪畫方面最唐嗜墨蘭，有許多畫蹟中，「不作蘭」（圖四十）乃代表作。其題云：

「不作蘭花二十年，過然寫出性中天，閉門覓覓尋尋處，此是維摩不二禪。」

由此可知已入禪三昧境，而對寫蘭之法，「石坡蘭卷」中題云：

「寫蘭最難，山水梅竹花卉禽魚，自古多工之者，獨寫蘭無特聞。如山水之宋元來，南北名蹟，不一二計，未聞王叔明、黃公望……且從畫品言之，不在形似，不在蹊徑，又切忌以畫法入之。又多作然後可能，不可以立地成佛，又不可以赤手捕龍。雖到得九千九百九十九分，其餘一分，最難圓就、九千九百九十九分、庶皆可能、此一分非人力可能、亦不出於人力之外。今東人所作、不知此義、皆忘作耳……。」（註二七）

至今，雖然他的流傳畫蹟不多，充分流露所謂「文字香」「書卷氣」之境地。其代表作爲公元一八四四年（五十九歲）作的「歲寒圖」（圖四十一），這幅畫澹泊高雅、胸襟灑脫絕倫，含蓄地表現文人意境的傑作，畫法上與石濤、梅淸有關，也有倪雲林的古淡天眞、隱隱遙岑風格。而且扇面的「山水畫」（圖四十二）布局相似平原疏木的雲林法。「枯林圖」（圖四十三）墨氣淋漓、沉鬱變化，逸筆草草，筆致以書入畫。又瀟灑超逸、下筆古樸的「竹庵圖」（圖四十四），充分表現高風亮節、樂道安貧的秋史之文人逸氣，這是與金農、羅聘等揚州八怪畫風相同的。以及「耄耋圖」（圖四十五）筆墨極簡淡、惜墨如金，與沈周「寫生册」中「貓圖」（圖四十六）相同，除了一些主蹟以外流傳朱野雲作「阮堂宴別圖」（圖四十七）。

由此可見金正喜的濃厚南宗文人畫思想，當時盛行的南宗思想與技法之大領導者。他的繪畫思想對後世影響極大，產生了「秋史派」，其畫家有權敦仁、李昰應、許維、田琦、趙熙龍等。金正喜，乃韓國美術史中地位最重要的人物之一，時至今日仍有許多學者對他加以研究。

九、許鍊

字摩詰。號小癡，後改名鍊。陽川人。生於純祖九（公元一八〇九）年，卒於高宗廿九（公元一八九二）年。年八十四歲。官至知中樞府事。居住珍島。

善山水、人物、梅、蘭、菊、竹、松、牡丹、怪石、芭蕉等多樣。堪稱詩、書、畫三絕。他二十七歲（公元一八三五年）時，在全南海南尹恭齋遺宅見「恭齋畫帖」繪畫修業，同年師事當時居大興寺的草衣禪師（註二八）。三十一歲時，因草衣禪師的推許介紹於金正喜，始師金書畫。四十歲武科合格。四十一歲時，入宮繪制。七十九歲官知中樞府樞府事。公元一八九三年九月逝世，年八十五歲（註二九）。

他一生與當代士大夫、文人多有交遊，如申觀浩、權敦仁、丁學淵、鄭元容、閔泳翊等，以及憲宗、大院君李昰應也與他維持密切關係。

許維終生慕黃大癡，所以號稱小癡。而他自己所取名號字，與唐代的王維相同，即「維」與「摩詰」。可見他對中國南宗繪畫執著熱中的程度。並且他的畫風也受到極大的影響，一生摹倣王維、米芾父子、黃大癡、倪雲林畫法。書法秉承金正喜「秋史體」，爲其代表者。

許維自少年期師事草衣禪師，畫入禪境，即達到「畫三昧、禪三昧」境地。草衣禪師云：

「癡之暱近耿光的是佛佑之德也，苾之經營新殿而尚在草庵寺，參禪與準提佛，一心入定矣，一日癡君來請供齋，余不辭而殫齋誠矣，其後癡之上京，聲聞甚藉豈非佛祖冥佑耶。」（註三〇）

又「論畫節句」云：

「……如王摩詰之慕維摩詰而名其名，摩詰以禪入師，以詩入畫，生獨可不以畫入詩，以詩入禪乎？禪理可證之於同鄉之草衣上人，詩七絕三十者及註並未錄。」（註三一）

他的繪畫時期，可劃分前、後期。前期相當公元一八六〇年代，即他五十五歲以前，後期相當其以後晚年時期（註三二）。前期畫法多取自王維、黃大癡、倪雲林的披麻皴、米點皴、以及淡墨、乾墨兼用，而許多倣自芥子園畫詩中的形式化的南宗畫法。後期則形成許維自己個性的畫格。

前期畫蹟，大部分是對憲宗上供的山水畫帖。其早期畫蹟中的「八曲併」（圖四十八）畫法，在構圖、筆法上倣「芥子園畫譜」的「雲流泉斷法」、「范寬畫法」（圖四十九）、「關同畫法」等。而以對憲宗上的水墨畫，用披麻皴、米點、折帶皴以及平遠構圖、淡彩、恬淡筆法上，極易找到米芾、黃大癡、倪瓚的味道。並且同時代畫蹟中的「煙雲供養帖」（圖五十），也可見出「芥子園畫譜」中「畫山田法」、「山口分泉法」（圖五十一）。其帖中之一畫題云：

「黃大癡九十，而貌如童顏，米友仁八十餘，神明不減，蓋畫中煙雲供養也。」

而此期筆法運用上，富有畫譜式筆線味道，即多用單純、短線筆觸。公元一八五六年在珍島建立「雲林山房」，這是對許維前期繪畫時期的整理。

到了後期自畫譜式定形方法中，漸漸演變到自己個性的風格。依公元一八六六年作，現國立漢城大學所藏之「扇面山水圖」（圖五十二），可知與前期相差很大，運用老練筆法、濃淡、畫面構成等（註三三），絕奇地表現出深山之脫塵山家風景，那時也有很多倣倪雲林法畫帖，其中「山水圖」畫題云：

「米元章自謂顛不傳、有詩云棐九延毛子、明窓管墨卿、功名皆一戲、未覺負平生。」

又云

「王右丞有詩云、宿世謬詞客、前身應畫師。」

他的晚年期作品，逸筆縱橫，澹泊胸懷。依最後畫蹟「山水畫」雖然倣倪雲林法，以樹木的抽象感覺、墨點、筆線等，已經超越金正喜畫格範疇，眞正達到元四大家的高潔、高尚、高雅的文人境界。

十、金秀哲

字士益。號北山。盆城人。生卒年不可考。他的生平事蹟也多不清楚，但依幾種文獻與畫蹟的落款，可推斷爲大約十九世紀初葉到末葉生存的畫家（註三四）。

他善畫山水、花卉。他的繪畫在韓國繪畫史中，屬於特別新穎風格者之一；其地位在今日日漸提高。當時朝鮮畫壇自十八世紀後半，傳入極少清代風格盛行的揚州八怪、個人主義畫家畫風，受其影響的畫家，有尹濟弘（公元一七六四年～？）與金昌秀（十九世紀），而兩人與金秀哲畫風具有密切關係。依劉復烈「韓國繪畫大觀」中云：尹濟弘的畫風澹泊，金昌秀畫風是蒼潤淋漓，兩共能煙霞山水。而對金秀哲畫風，金正喜「溪堂納爽圖」畫題云：

「有極可喜處，不作近日一種率易之法，但洪染太過。」

金秀哲的繪畫可區分爲：倣中國畫家、畫譜時期與形成獨特個性新畫風時期，卽分爲前期與後期。

前期流傳的畫蹟，如：現高大所藏「倣元人筆意山水圖」、「盧山瀑布遙看圖」、「栗鼠拾實圖」、

「描圖」等。這一段時期受元四大家、吳派、董其昌畫風影響至大。至於後期便明顯的使用大膽直線的筆線，有許多苔點、米點、濃墨、以及小部分的濃染，以表現山石的陰影。後期畫蹟中，可作代表的有「山水圖」、「烟寺晚鐘圖」（圖五十三）、「溪山寂寂圖」、「松溪閑談圖」（圖五十五）等，其畫風大部分與尹濟弘、金昌秀相同。「松溪閑談圖」與金昌秀的「松景讀經圖」一樣，在松樹、石法、人物、設彩法，以及四面空間運用效果與水彩畫之新鮮感覺的色彩運用上，並且運用直線的樹石描寫與對象的簡潔表現方法，與明沈周「吳中山水册」比較，以及與韓國地域條件相同的廣東地方，畫家謝蘭生的（公元一八二七年作）「山水册」（圖五十六）比較，皆有相似接近之感，這或許是偶然的畫法一致，但也是繪畫歷史必然產生現代感覺的趨勢。而「山水畫」與「煙寺晚鐘圖」，運用了非常奇妙的構圖與均衡的布置，山石形態的强烈曲線筆法，以及對景物明顯、間接、含蓄、省略與强調的描寫，這都是金秀哲個別的畫風性格，他畫法中的樹木、山石、米點、暈染等與清代有名的個性主義畫家傅山（圖五十七）與藍瑛畫法相同；並且也有清代弘仁、八大山人等構圖的手法。「江山梅林圖」也表現很特別的構圖，有點相似田琦與趙熙龍等當時新思潮畫家畫法。

除了以上畫蹟之外，後期畫蹟也有「夏景山水圖」、「春江魚庭圖」、「冬景山水」等許多畫蹟，流傳今日。

總之，金秀哲在韓國繪畫史中，以幾何學的現代造形感，表現他的高逸淡泊性格。景物布置之妙，實在是朝鮮畫家中最突出者，金正喜題「楓林尋幽圖」云：

「筆意微麤，太覺容易，位置頗好。」

又題「梅雨行人圖」云：

「布置甚熟，用筆亦無礙。但於着色，不能入細，且傘人稍犯匠氣。」

除了山水畫，金秀哲在花卉畫方面，也有優越的造形感覺與新穎畫格。可惜的，當時畫壇繪畫理論的深度，不足以提示這種現代化畫格之境界，實在令人惋惜。

十一、田琦

字瑋公、奇玉、而見。號古藍、杜堂。初名在龍。開城人。生於純祖廿五（公元一八二五）年，卒年哲宗五（公元一八五四）年。享年三十歲。

善畫山水、梅、蘭、花卉，而且詩、書亦佳，可謂三絕兼善。他的繪畫生涯雖然只有二十餘年，却擅長諸家古法的長處，且能自成一家的天才畫家，可惜天不假年三十病死，實在是朝鮮畫壇的一大損失。柳最鎭「樵山雜錄」中的「田琦殘稿」云：

「三十歲所得，可當五百年，亦復可恨乎，技止於此也。」

田琦與趙熙龍（公元一七九七～一八五九年）、劉在韶（公元一八二九～一九一一年）等交遊，深受金正喜書畫影響。畫格蕭散簡潔，澹蕩秀逸，根源於倪雲林、黃大癡畫法。他流傳的畫蹟不多，如「柴門月色圖」、「梅花書屋圖」（圖五十八）、「山水圖」、「溪山苞茂圖」（圖五十九）、「倪雲林法山水圖」（圖六十）、「秋山雜樹圖」等。

其中「柴門月色圖」是比較形式化的中國畫風的作品，可能屬於早期作品。而「梅花書屋圖」與「雪景山水圖」，是有趙熙龍臨摹高其佩「山水圖」的「梅花書屋圖」風格，使用非常剛勁的線條。「溪山苞茂圖」雖然是用倪雲林布置法，但筆法上剛捷豪放，淋漓盡致，同時盡情發揮倪雲林的幽淡清逸韻致，而從幅側畫題書體看來，可知善於金正喜的「秋史體」。「倪雲林法山水圖」，在布局上承倪雲林之法，而使用披麻皴法、苔點則完全與黃公望相同，如與黃公望的代表作「富春山居圖」（圖六十一）比較，更可明顯的看出。並且與同時畫家李漢喆（公元一八一二年～？）之「山水圖」（圖六十二）的披麻皴法、苔點等，有異曲同工之妙。而「漢北葯庫附二兒寫山相」一幅畫，乃與劉淑合作者，其右邊寫草舍與老松的筆致，對事物的正確形體有著非常含蓄的描寫，他的這種老練筆法可證明其對物體的描寫能力。

趙熙龍「石友忘年錄」對他評論，云：

「詩畫豈易言哉，以詩入畫、以畫入詩，此蓋一理，而今人或寫詩，而不知畫之爲何物，袁隨園所云：『白日昭昭不知畫者也』古人尙矣，詩畫相蒙之理，尤信於古藍田琦，田琦以妙齡、山水屋木不有師承，而輒造元人妙境，且以爲詩，清越絕谷，皆可傳誦，此乃以畫入詩者也。」（註三五）

又「藝林甲乙錄」中題他「秋山深處圖」與「江干秋思圖」，各云：

「蕭寥簡澹，頗具元人風致，然近日喜用渴筆，無如石濤南田諸家，更從此兩人求之，乃可得元人神髓，徒取其面目，熟不如是。」

「彩渲無法，頗犯東人習氣，然筆意不失舊規。」（註三六）

田琦的繪畫，雖然未達到純青的境界，以他的高潔文人精神與先天的繪畫才能，自由發揮自我性靈，與金秀哲、洪世燮二人，堪稱爲「朝鮮後期個性主義畫派」。

十二、張承業

字景猷。號吾園，醉瞑居士，文岩山人。大元人。生於憲宗九（公元一八四三）年，卒於光武一（公元一八九七）年。年五十五歲。做過畫員。官至監察。善畫山水、人物、花鳥、器皿、折枝、四君子。

朝鮮時代末葉畫壇，有金正喜、權敦仁、趙熙龍、田琦、許鍊、金秀哲、洪世燮等名家輩出。他們對於韓國美術史有很大的貢獻。但因爲當時有許多政治、社會的因素，却給繪畫發展進入繪畫史的衰退期，不過張承業是在繪畫日趨沒落中，所出現的朝鮮末葉的畫壇巨匠。

他早年失去父母，無力求學，學文不深，家勢貧困，居於水標橋李應憲家，見到中國名蹟，獲得學習的機會，雖然所學不多，但是因性格豪放，自由奔放的本質，自然感染到逸氣畫法。吳世昌「槿域書畫徵」張承業條云：

「吾園於畫，無所不能，下筆每自詡曰：『神韵生動。』非虛語也。自幼不解文字，然博覽名人眞蹟，亦能强記。雖年久背模，不爽毫髮。嗜飲疎放，到處必陳酒，乞畫，輒解衣盤礴，多

作折枝器玩以應之，其他山水人物，精緻之作，尤可珍也。」（註三七）

張承業兼善元四大家、浙派、吳派、清代四王吳惲、石濤、八大山人、新羅山人等多家畫風。筆墨烟靄微茫，精爽秀潤，水墨蘊藉，蒼秀絕倫。

現今他所傳畫蹟不多，可惜不可見其當時眞蹟，但依現在保存畫蹟，可充分感受到神妙畫境。其中「橋邊攬瀑圖」與「山水圖」（圖六十三），氣味荒古，枯毫重墨，樹木葱蘢鬱發用墨古淡清逸，有清代四王畫風，而與清代王原祈曾孫王宸的「倣北苑筆意山水」（圖六十三），在皴、染、樹木、苔點上可發見有相關處（註三八）。現澗松美術館所藏「山水圖」（圖六十四），是原本八幅中之一幅，似宗法董、巨、王蒙畫法。皴紋繁密，用筆濕潤，純熟流暢。但這幅畫的佈局不佳，有皴擦堆砌的意思，與清胡遠「四季山水」（圖六十五）相同（註三九）。「山水圖」（圖六十七），蒼渾淋漓、「排夏縱橫，以奔放勝」，布局學倪雲林，筆意取法石濤。筆法上與黎簡「山水册」之一相同，似石濤蒼潤古秀結構夫成之畫。

以上畫蹟以外，南宗畫風格作品，尚有「茂林村莊圖」、「楓林山水圖」、「湖漁隱圖」、「山水圖」等。特別善於「器皿折枝圖」法，以後在朝鮮末葉畫壇引起流行文人畫題材。而由「雄視八荒圖」、「柳下洗馬」、「江邊秋色」、「王羲之觀鵞圖」等畫蹟，可知他的風格神韻，筆致縱橫，一山一石，一草一木，雄渾無窮畫風。

總之，張承業雖然不精通學問，但以他的天性氣質與藝術的奔放感情，超越現世理法，華麗地矯飾了朝鮮後期末葉畫壇，得其畫法有安中植（公元一八六一～一九一八年）、趙錫晉（公元一八五三～一九二〇年）兩大弟子。不過遺憾的是以他的天才創出奇妙畫格，却不能對韓國民族的獨特境界有所貢獻。

以上記述十二位畫家是比較代表的人物，因爲朝鮮後期畫壇，流行南宗畫風思潮極盛，其畫家人數甚多，以下繼續簡略敍述十一位善南宗、文人畫家與畫蹟。

十三、金應煥

字永受。號復軒，擔拙堂。開城人。生於英祖十八（公元一七四二）年，卒於正祖十三（公元一七八九）年。享年四十八歲。作過畫員，官至尙衣別提。善畫山水、人物、龍等。畫風師法黃子久、倪雲林、鄭歚，筆墨淋漓濃艷，雄建浩濶，落墨淸淡。他的畫蹟有「高士泛艇圖」、「江岸聽笛圖」、「雨景山水圖」、「雲龍圖」、「秋景山水圖」、「江山勝覽圖」（圖六十八）、「金剛山圖」等。其中「江山勝覽圖」與弘仁「西園坐雨」（圖六十九）一幅畫，在畫面構圖布置，對象之形似，運用水墨等都極相似。

朴齋家題其「秋景山水圖」，云：

「村邊杖策酒初醒，沙嘴綿綿野水靑，
誰向南宗傳妙訣，數柯秋樹一茅亭。」

又「江山勝覽圖」自題云：

「鄭成仲，得黃公望江山勝覽圖，要余仿此，蓋公望，焉懶眞子，積思十年，而成者也……。」

十四、丁若鏞

字美鏞、頌甫。號俟庵、茶山、三眉、洌老。生於英祖三十八（公元一七六二）年，卒於憲宗二（公元一八三六）年。享年七十五歲。官至承旨。善畫山水、梅、鳥。當代大實學者，著有「經世遺表」、「與猶堂集」、「茶山經論」等書。畫法師學元代倪雲林法。流傳畫蹟有「梅鳥圖」、「山水圖」（圖七十）等。

十五、李在寬

字元綱。號小塘。龍仁人。生於正祖七（公元一七八三）年，卒於憲宗三（公元一八三七）年。五十五歲。做過畫員，官至監牧官。善山水、人物、肖像、仙人圖。筆法瀟灑簡潔，蒼渾淋漓。其代表作品是「松下人物圖」（圖七十一），落墨神奇，氣韻生動。其他畫蹟尚有「北漢山影樓詩會寫生圖」、「蕉葉題詩圖」、「山水帖」。其中「歸漁圖」一畫（圖七十二）可見米家蒼潤秀雅的畫法。

趙熙龍「壺山外史」中，評論他說：

「少孤家貧售畫以養母，畫無私淑，而物合於古，殆天授也，烟雲草木，飛走蠢潛，俱入精妙，尤長於傳神寫照，上下百年無此筆也，日本人自東萊館，購小塘翎毛無虛歲……。」（註四〇）

十六、權敦仁

字景義。號彜齋、瓜地草堂老人、石溪。安東人。生於正祖七（公元一七八三）年，卒於哲宗十（公元一八五九）年。年七十七歲。官至領議政。善山水、花鳥。書畫受金正喜的影響。筆法古淡逸格。流傳畫蹟中的「歲寒圖」（圖七十三），是他的代表作品，表現出高潔的文人畫境地，自題云：

「因以歲寒三友圖一幅，以實詩意。」

又金正喜畫題云：

「畫意如此、而後爲形似之外。此意、雖古名家、得之者絕少。公之詩、不獨於閬工、畫亦然。」

他與趙熙龍、許維、田琦可合稱「金正喜派」。

十七、趙熙龍

字致雲。號又峰、石憨、鐵笛、壺山、丹老、梅叟等。平壤人。生於正祖二十一（公元一七九七）年，卒於哲宗十（公元一八五九）年。年六十三歲。官至王衞將。善畫山水、梅、蘭、彩蝶。師金正喜筆法，墨瀋淋漓，勁健厚重。「梅花書屋圖」（圖七十四）乃其代表作。這幅畫又稱「梅龕圖」，本爲描寫中國人張忝農的「梅龕」而作，而且，線條、布局、著色、書屋形狀，與高其佩「山水圖」（圖七十五）有甚多相同處。他的這種奇崛線條，可能與秋史體用筆韻致有密切的關係。金奭準「紅藥樓懷人詩錄」詩云：

「又峯工畫又工詩、磊砢胸中思不羈，

用筆專宗秘史法，縱橫亂抹轉多奇。」（註四一）

其他畫蹟尙有「慈蘭圖」、「江岸泊舟圖」、「老梅圖」等。自著「壺山外史」，至今仍流傳。

十八、趙重默

字悳荇。號雲溪、蔗山。漢陽人。秋齋秀三隙。生卒年不可考。大約活動於十九世紀。做過畫員。官至監牧官。善畫山水、肖像。筆墨秀麗，逸筆高韻。畫蹟有「江南春意圖」、「山水圖」八幅連屏風、「夏景山水圖」、「冬景山水圖」（圖七十六）等，其中「夏景山水圖」題云：

「雲合雲開山有無，雲山吞吐兩糢糊；

南宮識得雲山趣，故把雲山作畫圖。」

其畫甚多使用高克恭的米法，而「冬景山水圖」，深遠空寂，逸群絕倫。素材、內容、樹木法上，與南宗梁楷「雪景山水圖」（圖七十七）可比擬。

十九、劉淑

字善永。號蕙山。漢陽人。生於純祖廿七（公元一八二七）年，卒於高宗十（公元一八七三）年。年四十七歲。做過畫員與司果官。善畫山水、人物、翎毛、花卉、菊、梅、蘭等。山水師黃子久、倪雲林，筆法健雅秀潤。田琦題他「虎兒、一峯之意山水圖」，云：

「蕙山畫類多縝密，而此幅，兼寓秀潤，頗有虎兒一峯之意，足可寶也。九如深曉此理，入目當自辨矣。」（註四二）

而劉復烈題他「黃大癡筆意淺絳山水圖」，也云：

「此蕙山劉先生作，而筆勢雄偉古雅，頗有黃大癡淺絳筆意，洵可寶也。」

除了上述兩件畫蹟以外，尚有「大快圖」、「朱元章拜石圖」（圖七十六）、「寒梅幽居圖」，以及與由琦合作之「二兄寫山相圖」等。

二十、洪世燮

字顯卿。號石窓。南陽人。生於純祖卅二（公元一八三二）年，卒於高宗二十一（公元一八八四）年。年五十三歲。官至右副承旨。洪秉僖（公元一八一一～一八八六年）之子，伯祖父是洪大淵（公元一七四九～一八七六年）（註四三）。

他善畫山水、翎毛。筆墨與布局獨特，一變古法，尤善鴨與白鷺等鳥類。畫蹟有「野鴨圖」（圖七十九）、「游鴨圖」、「飛雁圖」、「白鷺圖」、「宿鳥圖」、「朱鷺圖」、「蘆雁圖」、「梅鵲圖」、「遊鴨圖」等。筆韻清晰，運用現代化感覺的構圖。其中「野鴨圖」是其代表作，取材海邊的野鴨，筆法剛健，石與波浪有著高度超越現代的筆法。他的畫格屬於末葉革命主義。

二十一、趙錫晉

號小琳。咸安人。生於哲宗四（公元一八五三）年，卒於公元一九二〇年。年六十八歲。做過畫員。官至郡守。爲趙廷奎（公元一七九一年～？）之孫子。善畫山水、人物、鯉魚等。畫風受趙廷奎的南宗畫法、金正喜畫派、張承業畫法等的影響。畫格端雅秀逸，墨色蒼鬱渾厚，當時與安中植爲畫壇雙壁；而三十一歲時留學中國天津；公元一九一一年任書畫美術院教授；公元一九一八年爲書畫協會創辦人。他最主要的貢獻是發展民族藝術運動與對後進的培養（註四四）。

他尊崇元代趙松雪，所以自稱「松雪後身」。晚年畫格健雅高邁。畫蹟有「鱖魚圖」、「聲在樹間圖」、「釋王寺寫生圖」、「梅林幽居圖」（圖七十八）、「山水圖」等。

二十二、閔泳翊

字子湘。號藝楣、竹楣、園丁。驪與人。生於哲宗十一（公元一八六〇）年，卒於西元一九一四年。年五十七歲。善畫蘭、竹、書法。「海上墨林」他云：

「閔泳翊字園丁，朝鮮國人。本椒房貴戚。國亡避地滬上，以翰墨自娛，所居曰千尋竹齋。書學顏平原，擅畫蘭竹，筆氣雄健。逢星期日，輒招案畫名流，讌集寓廬，流連文翰以爲樂。旋以病遂輟。宣統辛亥後三年卒。其子奉柩歸葬於仁川。」（註四五）

其父閔台鎬（公元一八三四～一八八四年）爲當時保守政黨的領導者，官至大提學，能篆、隸、行、草等各體書。閔泳翊因爲處在國家大動亂時期，故他的一生變化多端，經歷了許多的滄桑。二十三歲時，以國家使節身分訪問日本；同年以交涉使節資格入天津；二十四歲（公元一八八三年）時，以全權大臣資格訪問美國；一八八六年、一八九八年兩次逃避至香港；終於公元一九〇五年，因爲開化黨建立親日政權而亡命上海。

按他的生平可區分四十五歲亡命以前（公元一八六〇～一九〇五年），與亡命以後（公元一九〇五～一九一四年）的兩個時期。而前期可稱爲「政治生活時代」；後期相當於「藝術生活時代」（註四六）。

他與中國藝術人士交遊始於二十三歲。二十九歲入清時與吳昌碩、王慧、徐新周等友善。吳昌碩給他的篆刻達到三百顆，可知二人親密交往的關係。除此之外，與蒲華、王氷鐵也有深厚友誼。而受蒲華的墨蘭竹法筆意影響，他的墨蘭氣韻生動，蒼勁淸麗、雄健快活、高邁重厚；石法筆致簡澹，布局絕妙新潁。以筆墨表出亡國之恨，悲憤慷慨之胸中鬱氣與君子節概。他與李是應皆爲朝鮮時代最擅長墨蘭的畫家，同時也是近代中國文人畫傳入韓國的先驅者，對後代影響甚大。

二十三、安中植

初名昱相。號心田、不不翁。生於哲宗十二（公元一八六一）年，卒於公元一九一九年。年五十九歲。善畫山水、人物、花鳥。師學張承業與趙錫晉，代表了傳統朝鮮畫壇的末期，同時也是近代畫壇的起點。公元一八八一年以使節團中制圖士資格入淸；而一八八四年因參加開化黨，亡命日本；一八九一年入淸遊歷上海等地，與各書畫家交遊；一九〇二年制作李王殿下御眞；一九一八年創立韓國最初美術團體「書畫協會」，擔任初代會長（註四七）。

他的繪畫無所不能，兼善南北二宗，筆墨精微整飭、磊磊落落、鬱鬱葱葱，但因爲國家遭滅亡的命運，無法專心繪制，只有文人畫的感覺，沒有更深入的創造改革之境。畫蹟中的「桃源問津圖」（圖八十一），重山疊嶺、繁山複水、蒼潤秀雅，可見到淸代四王以來的定型畫法面貌。而多運用小點之例，在當時其他畫蹟也甚多。

安中植雖然屬於混亂時期活動畫家，但對後世敎育的影響甚大，尤其對現今畫派主流的金殷鎬（公元一八九二～一九七九年）、李象範（公元一八九七～一九二七年）、盧壽鉉（公元一八九九～一九七八年）等影響極大。

除以上畫家與畫蹟之外，傳爲尹心衡「樓閣山水」（圖八十二）之畫，如爲韓國畫家之眞蹟，則受元四大家中王蒙的代表畫法解索皴、牛毛皴等畫風影響，這是極重要的例證，只可惜目前無法找到有關畫蹟的背景資料，尤其尹心衡的生平也不可考，這是一個值得繼續深入研究的問題。

第三節　鄭歚畫風與南宗之關係

鄭歚，在韓國繪畫史是非常重要的一位偉大畫家，也是朝鮮時代後期初半自中國傳入南宗畫的先驅者。他最大的貢獻是把中國畫法加以韓國化，提高了他在繪畫史上的地位。現今韓國藝術史界仍有許多人對此一問題繼續研究。

鄭歚的繪畫樣式，一般人加以區分爲「定型山水」、「眞景山水」、「故事圖」三種。其中所謂「定型山水」，是倣自中國傳入的各種畫法，卽受到中國畫風影響的山水畫。「眞景山水」是基於定型山水樣式，加上自己獨創的風格，描寫韓國自然景物的畫法。「故事圖」是描繪有關中國古代歷史故事畫。

可惜的，是他大部分畫蹟上皆無年號，無法確切明瞭作畫年代。但依款識，大約可以知道五十歲以前畫蹟極少，六十歲以後畫蹟甚多。由此可推斷他晚年期更多繪製（註四八）。

一、鄭歚之定型山水與南宗畫

鄭歚活動時期的朝鮮畫壇，許多燕行使節已經傳入「顧氏畫譜」、「芥子園畫譜」、「十竹齋畫譜」、「唐六如畫譜」、「佩文齋畫譜」、「佩文齋廣群芳譜」等各種版畫的中國畫譜。並且朝鮮中期以前極盛行的李郭派、院體派、浙派畫風漸漸變到南宗畫風的過渡期，其最注重的方法就是臨摹中國畫譜。

當時畫壇中與鄭歚同時活動比較重要的畫家，有李明郁（十七、十八世紀）、金昌業（公元一六五八～一七二一年）、尹斗緖（公元一六六八年～？）、趙榮祏（公元一六八六～一七六一年）、柳德章（公元一六九四～一七七四年）、金斗樑（公元一六九六～一七六三年）、李匡師（公元一七〇五～一七七七年）、沈師正（公元一七〇七～一七六九年）、尹榕（公元一七〇八年～？）、許佖（公元一七〇九年～？）、李麟祥（公元一七一〇～一七六〇年）、姜熙彥（公元一七一〇～一七六四年）、姜世晃（公元一七一三～一七九一年）等。大部皆屬於此一大轉換過渡時期的畫家，而特別受到南宗畫風影響者。

鄭歚的定型山水畫法，乃以董巨以後、米芾父子法、元四大家畫法爲基礎，擷取明沈石田、文徵明創始的吳派畫風以及清代四王吳惲畫法等各種南宗定型的形式，以及兼善戴進創始的浙派畫法。定型繪畫相當他的早期，卽六十歲以前畫蹟比較多。可說是後期以「平行集線皴法」的眞景山水創始的繪畫境地準備期。

畫蹟中屬於比較早期作品的「得意山水圖」（圖八十三）、「黃驪湖」（圖八十四）、「山窓幽竹」（圖八十五），一些中年期作品，線條大膽、剛硬有力、尖銳削利，有效的運用直線筆致，畫風上有許多浙派印象，但已使用短披麻皴、米家點子皴、介子點以及用破墨、暈染法，這與董巨以來黃公望筆意相同。

在「烟寺暮鐘」（圖八十六）、「隔村茅屋」中，我們可明顯看到元王蒙的鬱鬱蒼蒼、蒼潤密茂的牛毛皴法，深林叠嶂筆法，對他以後的獨創畫法有著極大影響。以披麻、解索、牛毛一系皴法漸變爲垂直線的强烈筆致，這畫法在「山市晴嵐」（圖八十七）一幅畫上可清晰地見到。鄭敾在其筆致內加用倪雲林折帶皴法與斧劈皴，尤其混用米家小米點與平頭點，在「龍門」（圖八十八）一幅畫中，就充分發揮了雄壯健雅的氣勢。

他的定型山水畫中非常注重的畫法是米法，「暮雨歸舟」（圖八十九）發揮了水墨之妙境，墨汁淋漓，風格瀟灑；而「木覔山」（圖九十）（現漢城南山）的米法，是先以淡墨暈染然後加扇點。這可比較米芾「林岫烟雲」（圖九十一）一幅畫。除此之外，米法效果運用的畫蹟，還有「滿天風雨」、「孤村烟凝」等。

鄭歚畫法基本上，以米點、披麻、牛毛、折帶、斧劈皴與平頭點爲主，另外也有用梅花點。本來這種「攢五聚三」的小點畫法，乃由元吳鎭與明文徵明創始。例如文徵明的「洞庭西山圖」（圖九十二）、「古木寒泉」（圖九十三）卽是代表畫蹟。鄭歚的「山亭雅舍」（圖九十四）與「老柏園」（圖九十五），是小米點的代表作，如同西方印象主義的點描派畫風。這種精細畫法對眞景山水與朝鮮後期以後畫壇，有極大影響。他不僅善南宗畫風，也善浙派畫風。其代表畫蹟是「寒巖獨釣」（圖九十六），筆致爽邁生動，秀筆感覺的强烈直線，以後與其他定型筆法融合，甚多使用。

鄭歚這種善於技法的嘗試，以正確的描寫力，求畫面的極抽象感覺與畫構成，乃創造改革者最重要的一面。如「瀟湘夜雨」（圖九十七），雖是極單純的素材，然而全體緊密佈局、水面的生動扇點，以及下段部蘭葉線、橛頭線等得到高度抽象的逸氣妙景。

他雖然善各種中國畫法，不過能廣大發揮自己天才的繪畫氣質與高度應用力，以及以嚴格畫格修養，達到高境自我個性世界。此乃以後誕生「眞景山水」畫風之根本要素。

二、鄭歚之眞景山水與南宗畫

「眞景山水」是個很特別，本來當然存在性質的名辭。「眞景」的相對意思是「虛景」，世界繪畫史上只寫「虛景」者有許多，這是與「寫意」境界不同的，「寫意」是超脫形似以後才可成的。山水畫之道理應該先得自己環境的自然景物，然後才可達到眞正自我高境。

鄭歚最偉大的貢獻就是與這些歷史的論理相同，他將以前朝鮮時代畫壇的潮流，經過改革，使得超越傳統樣式創立自己獨自意境。

現今許多學者研究他的「眞景山水畫」的根本動機，依俞俊英先生的看法，雖然當時已經傳入中國定型畫風，但因與起實學運動與歌辭文學等，鄭歚甚受這些國學思想，尤其受鄭澈（公元一五三六～一五七四年）的「關東別曲」的影響很大；並且與當代文人遊歷漢城附近郊外的山河，寫生各地自然景物，因成修養「萬里行旅」畫業（註四九）。

他的「東國眞景山水畫」以現今流傳畫蹟分類，金剛山圖有八十餘幅，仁王山圖二十餘幅，漢城近郊風景十餘幅等（註五〇）。其中代表作是英祖廿七年辛未（公元一七五一年）閏五月，即他七十六歲老年作的「仁旺霽色圖」（圖九十八），這幅畫雄健蒼潤，筆勢奔放，墨瀋淋漓，多用小米點，濃重的長平頭點，此乃淵源於米家父子法（註五一），結合短披麻皴與介子點法，以大膽積墨刷擦，淡墨暈染，以及岩壁的强烈黑白對照，下段樹木的重厚筆致，全體的布局均衡等，眞正地表現了他的神妙畫境。

目前推測他寫眞景山水畫時期，約在他六十歲以後的老年。其畫法，根據大部分自六十歲以前寫元四大家、吳派、浙派的混合樣式，與加入個性的筆意，最常用法是米法與短披麻皴。

米法使用形態也有許多，大米點、小扇點等。也喜先以淡墨暈染以後再用濃墨濕筆點皴，寫現在南山「木覔山」（圖九十）乃其代表畫蹟。此外，也好用淡、濃、潑、破、積、焦墨表現眞景山水，以這種米法寫山形之畫蹟，如下：「壯洞春色」、「直節堂」、「金剛山全圖」、「正陽寺」、「頌張塔」、「仙遊峯」、「歸來亭」、「海印寺扇面圖」、「金剛山正陽寺」、「長安烟雨」等，其中「金剛全圖」（圖九十九），以强勁垂直皴描寫一萬二千花崗岩的金剛骨山，鄭歚這幅畫中米法的極效果的運用，成功地將景物互相調和，而最高的昆盧峰乃使用强硬披麻筆線，一變畫面面貌。而使得畫幅全體構造類似透視圖法，這與清代廣東畫家蘇仁山畫法有點相同（圖一〇〇）。

鄭歚眞景山水畫中尙且注重短披麻皴，除了表現金剛山、岩山、石壁以外，描寫韓國的山川，也是非常適合的方法，大部分以直線的筆致濕用小米點，其畫蹟如下：「清風溪」、「仙遊峯」、「二水亭」、「開花寺」、「高士觀瀑」等。

而且，比較傑出眞景畫蹟中，其「風溪臨流」（圖一〇一）一幅畫，筆墨淡雅，運用了破墨、焦墨、淡墨、積墨，及特別多用小米點與平頭點，而老練地表現出幽谷與一些人物，並且每個景象都得到眞韓國的濃厚眞實感覺。

【注釋】

註一：見吳世昌撰「槿域書畫徵」第十六頁。公元一九七五年九月，漢城，協同研究社。

註二：在此「眞景山水」或「實景山水」之意味，包括基本的定型技法與過度期所重視的一些南宗畫法。

註三：見同註一，第一六五頁。鄭歚年九十四歲。

註四：「漣江壬戌帖」題云：「是歲十月之望，同漣倅申周伯，陪觀察洪公，遊於羽化亭下，蓋用雪堂事也，周伯以觀察公命，作賦記之，餘又畫以繼之，各藏一本于家，是爲漣江壬戌帖，云陽川縣令鄭歚書。」依以上文章，可知官陽川縣令事實與繪制。

註　五：見高裕燮編撰「朝鮮畫論集成」下第二五二頁。公元一九七六年四月，漢城，景仁文化史。

註　六：見同註一，第一六六頁。

註　七：見同註一，第一八〇頁。

註　八：參見李美也撰「玄齋沈師正의繪畫」第二十一頁。公元一九七七年，漢城，弘益大學院碩士論文。

註　九：詳見許英桓撰「沈石田山水畫蹟研究」第一〇八～一一〇頁。民國六十二年，台北，中國文化大學碩士論文。

註一〇：詳見李東州撰「우라 나 라의 옛그림」第二七九頁。公元一九八六年六月，漢城，博英社。

註一一：見同註一，第一八四頁。

註一二：見同註一，第一八五頁。

註一三：姜世晃因仰慕高雅人品的文人，模倣明李流芳號。參見崔淳姬撰「豹庵遺稿解題」，載於「精神文化」通卷六號，公元一九八〇年四月，漢城，精神文化研究院。

註一四：見「正祖大王實錄」卷之十二，五年九月戊戊條。公元一九六九年二月，漢城，國史編纂委員會。

註一五：參見裵貞龍撰「豹庵姜世晃의山水畫研究」第三十二頁。公元一九七六年，漢城，弘益大學院碩士論文。

註一六：姜世晃自題跋云：「董玄宰，曾仿北苑筆意，作此圖，餘又從而倣之，去玄宰又遠，比北苑則，文益無毫髮方弗，況且紙本堅頑，未得其用墨之妙，何足觀也。後日當覓佳紙，更臨一遇，綏之筆藏此軸，而後之。已巳秋八月忝齋。」

註一七：畫題云：「余自幼少，每聞城東之妙嶺，未嘗不心醉，但恨年歲遇與香齋過，金城之披襟亭，江岸陰陰古木齋，征車繁駐夕陽低，忽忽未暇披襟坐，後約留憑短句題，來坐淮廨之臥冶軒，退寫此圖，已酉秋八月，豹翁。」

註一八：見申光洙撰「石北集」。載於同註一，第一九〇頁。

註一九：見南公轍撰「金陵集」。載於同註一，第一八九頁。

註二〇：參見申山沃撰「毫生館崔北의繪畫研究」第二十三頁。公元一九八〇年，漢城，弘益大學院碩士論文。

註二一：畫題云：

寒更傳曉箭，清鏡覽衰顏。
隔牖風驚竹，開門雪滿山。
灑空深巷靜，積素廣庭閒。
借問袁安舍，翛然尙閉關。

冬晚對雪憶胡居士，王右丞詩畫

見「芥子園畫譜」第五冊，有成出版社本。

註二二：參見李禎子撰「李寅文의山水畫研究」第二十三頁。公元一九七五年，漢城，弘益大學院碩士論文。

註二三：參見安輝濬撰「韓國繪畫史」第二六五頁。公元一九八〇年七月，漢城，一志社。

註二四：見同註一，第二十二頁。

註二五：參見同註二三，第二七一、二七二頁。

註二六：參見金正喜撰、崔完秀譯「秋史集」第廿八～三十頁。公元一九八一年五月，漢城，玄岩社。

註二七：見同註二六，第一五八～一六〇頁。

註二八：草衣（公元一七八六～一八六六年）俗性張，法名意恂，字中孚，師玩虎，丁茶山，羅州生，大興寺（當時大屯寺）高僧，大宗師。與當代著名的名人交遊，如：金秋史、丁酉山、黃巵園、申威堂等。深入茶道，所以世稱爲「茶僧」。善書畫，遺著「草衣集」、「四辨漫語」、「東茶頌」等。

註二九：見「許小癡展」。公元一九八一年，漢城，新世界美術館展示目錄。

註三〇：參見金泳鎬編撰「小癡實錄」夢緣錄。公元一九八一年五月，漢城，瑞文堂。

註三一：見同註一，第二三七頁。

註三二：參見李英和撰「小癡許鍊의繪畫」第十四頁。公元一九一九年，弘益大學院碩士論文。

註三三：詳見同註三〇，第四十四頁。

註三四：參見李聲如撰「北山金秀哲繪畫研究」第十一頁。公元一九七八年，漢城，弘益大學院碩士論文。

註三五：見同註一，第二四五頁。

註三六：見同註一，第二四七頁。

註三七：見同註一，第二五八頁。

註三八：王宸，字子凝，號蓬心、蓬樵、老蓬仙、柳東居士等。生於聖祖康熙五十九（公元一七二〇）年，卒於仁宗嘉慶二（公元一七九七）年，善畫山水。後人將他與王昱、王愫、王玖合稱爲「小四王」。見余城編撰「中國書畫」2第一〇九頁。民國七十年十月，台北，光復書局。

註三九：「胡遠，華亭人。僑上海。字公壽。號瘦鶴，横雲山民。能詩、工書、善畫。畫筆秀雅絕倫。」見「中國畫家人名大辭典」第二九八頁。台北，東方書局。

註四〇：見同註五，第二九、卅頁。

註四一：見同註一，第廿三頁。

註四二：一峯是黃子久，九如是劉在韶（公元一八二九～一九一一年）。

註四三：參見李泰浩撰「石窓洪世燮의生涯와作品」，載於「考古美術」第一四六、一四七特輯號。公元一九八〇年八月，漢城，韓國美術史學會。

註四四：參見李喆良撰「小琳趙錫晉의作品世界」第五十頁。公元一九七八年，漢城，弘益大學院碩士論文。

註四五：見楊逸編撰「海上墨林」卷三、三十四頁。民國六十四年七月，台北，文史哲出版社印行。

註四六：見金晴江撰「東洋美術論」第四〇九頁。公元一九八〇年八月，漢城，友一出版社。

註四七：參見李慶成撰「韓國近代繪畫」第七十四～七十六頁。公元一九八〇年五月，漢城，一志社。

註四八：參見李東洲撰「謙齋一派의眞景山水」，載於「謙齋鄭敾」第一六一頁，公元一九八〇年一月，漢城，中央日報、東洋放送發行。

註四九：參見兪俊英撰「獨逸에있는謙齋의繪畫」，載於「空間」第一一五號第四十四、四十五頁，公元一九七七年一月，漢城，空間社發行。而同註一，第一四九頁。

註五〇：詳見許英桓撰「謙齋鄭敾」第一〇二頁～一一一頁。公元一九七八年十一月，漢城，悅話堂。

註五一：詳見圖九十一米芾「林岫烟雲」。

第五章 結 論

一

「南北分宗論」對後代具有極大的影響。本書分章詳述各畫派的理論，畫家的情形，以及這些畫派理論對朝鮮王朝後期繪畫的影響。

以下歸納爲幾個簡明的結論：

㈠南北宗論的簡述：

1.「南北分宗論」，乃明末莫是龍、董其昌、陳繼儒「華亭三名士」始創的。

2.他們最重要的共同理論，是「南宗」的始祖是王維，「北宗」的始祖是李思訓。

3.依分宗論之理論與實際來看，南宗畫與文人畫是同一致的。

4.分宗論者們抨擊院體派、浙派，即北宗畫風與畫家。而主張南宗獨尊的思想。

5.因爲董氏社會地位高，其學說廣受士大文人擁護，輕易地壓倒北宗的院派和浙派。

6.對明末以後到清的畫壇，具有決定性的影響。

7. 推崇南宗者，認爲南宗的千遍一律的畫風與不能超越繪畫之自己創意的藝術境界。完全進入了墨守成規的畫風。

8. 這畫風沉滯的重要原因之一，是太過分强調，繪畫與文人世界的密切關係，缺乏在純粹藝術的立場，對自我繼續的客觀的批判與追求時代的革命性。

9. 南、北宗的風格，並非絕對無關。

10. 其論理雖然有點偏見與歷史的錯誤，但還是有許多相當可肯定的道理。

㈡南宗繪畫傳入韓國之結果，由此可記述簡明的結論如下：

1. 南宗畫傳入韓國時期問題有許多說法，但以分宗論之理論與實際，即「南宗畫與文人畫極相一致的看法」，是知文人畫思想與畫法之傳入與南宗具有密切關係。

2. 文人畫思想與畫法在十二世紀已經傳入韓國。那時中國是以蘇軾、文同爲主的繪畫與文學結合的興發時期。所以可推定十二、十三世紀已經有了南宗思想的傳入事實。

3. 南宗畫風之傳入時期，雖然資料不明確，但可由高麗末期繪畫所使用的南宗技法，推定這是具有濃厚的文人畫氣息。

4. 到了十五世紀末，已有傳入米法爲中心的南宗畫法。

5. 經過十六世紀、十七、十八、十九世紀，南宗畫之畫法和理論，在朝鮮畫壇一直興盛風行。

㈢南宗傳入朝鮮時代後期對韓國美術史的意義，如下：

1.自中國來的南宗畫風，是屬於淸代墨守主義的南宗一支畫風。

2.這種畫風傳入以後，在與中國不同的地域、社會、思想的歷史背景下，只引起古人臨摹與承襲傳統之衣鉢，實際上却消滅了自己的創造意識。

3.其主要原因之一，是一些燕行畫家與特別是中葉「金正喜」一派的崇尙模倣中國傳統畫法，他們雖然對中國畫風傳入有極大的貢獻，但也有著極大的歷史的錯誤—「文字香、書卷氣」的文人繪畫思想始終不能超越，加以變化而創造韓國獨特境地之藝術。

4.這乃是造成韓國當時崛興的「眞景山水」與申潤福、金弘道等的「風俗畫」消滅之基本要素。

5.已經沉滯一路因襲古人的南宗畫風，在韓國繪畫的現代化上有著極大的危害。所以金正喜在韓國美術史的地位問題，應再調整評價。

二

由此可充分了解，建立一個畫論之重大性。如果論述它的思想與實際時，一定要重視它歷史的使命感與責任感。

「南宗」自朝鮮時代以後，經過日本統治時代（公元一九一〇～一九四五年），仍然以所謂的六大家中之畫人，卽李象範、盧壽鉉、朴勝武、許百鍊、卞寬植等畫家，繼續承接發展。今日的韓國畫壇，仍有部分善於此類畫風者。

傳統，本來是具有它重要意義的，不過如果沒有適合時代的需要與變革性，有它的生命？

現在全世界上最尖端的藝術思潮是什麼呢？近代以來全世界藝術運動的主導革命地域是何處？我們對這些問題，應該要深加考察。

我們該能在傳統中求變革，而且不斷地自我否定與勇敢的解脫。由這種實驗精神的藝術世界中，創立我們自由解放的哲理，尤其要嘗試各種自己主觀的無限境界。然後，才可超越現世的形似意識，達到「空虛」之無窮靈感妙境。

目前，東方繪畫之最主要問題，是如何使其更具現代化。解決的方法絕不是盲目因襲古典，無意識地模擬現代。而是要在自古以東流傳的民族繪畫基本主流中，探討而加明確分析與評價，再加以深求古典與現代的哲學、宗教、社會觀等思惟與結合，以及在實際的方面加以運用，使自由奔放的思想結合、題材、技法、材料等，以創造表現自己概念的藝術意境。在此方面，如果沒有民族與自己的美學觀，那將喪失了歷史的藝術價值。

「南宗畫」與「北宗畫」兩個名稱，其意義並不是完全相反，也不是同一的關係。最主要的是不必固執於其中一者的偏見論理。

在中國、韓國、日本等東方幾個國家，最近已有許多的畫家，嚐試自明末以來墨守主義的風格中超越出來，以求繼續展開繪畫的新境界，這種趨向在未來東方繪畫與全世界畫壇，將會是非常肯定的事實。

圖片

圖三　董源　龍宿郊民圖
軸、絹本　156 × 160cm
台北故宮博物院所藏

圖一　董其昌　倣董源青弁山圖
軸、紙本水墨　224.4 × 67.7cm
美國克利夫蘭美術館所藏

圖二　傳王維　山陰圖 卷、絹本 26.3 × 84cm
台北故宮博物院所藏

圖四　巨然　秋山問道圖
軸、絹本　156.2 × 77.2cm
台北故宮博物院所藏

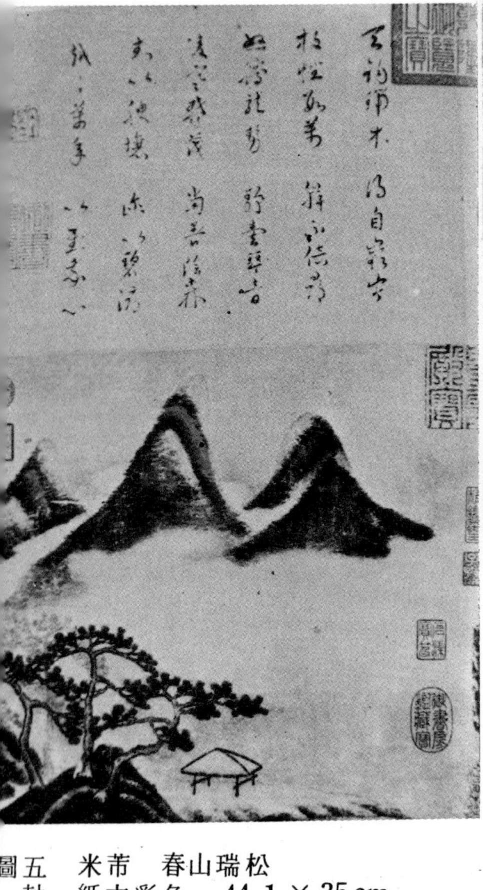

圖五　米芾　春山瑞松
軸、紙本彩色　44.1 × 35cm
台北故宮博物院所藏

圖六　倪瓚　楓落吳江圖
1366 年、軸、紙本
94.3 × 48.8 cm
台北故宮博物院所藏

圖七　黃公望　天池石壁圖
軸、絹本　127.9 × 61.6 cm
台北故宮博物院所藏

圖八　傳王維　長江積雪圖
卷（部分）、絹本淡彩
28.8 × 449.3cm
私人所藏

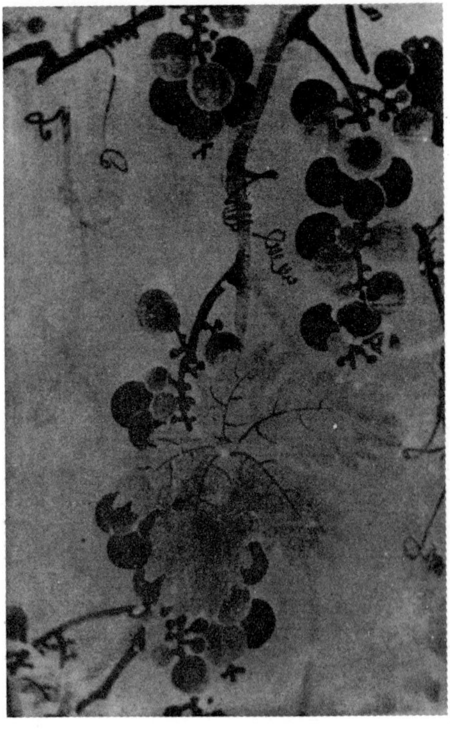

圖九　申思任堂　葡萄園
絹本水墨　32 × 22cm
私人所藏

圖十一　宋世琳　山水圖
紙本設彩
27.8 × 11.4cm
金昌伯所藏

圖十　傳申德鄰　山水圖
紙本水墨
106.1 × 39.4cm
漢城國立中央博物館所藏

圖十二　崔叔昌　山水圖
絹本淡彩　39.6 × 60.1 cm
日本奈良大和文華館所藏

圖十三　李正根　米法山水圖
紙本水墨　23.4 × 119.4 cm
漢城國立中央博物館所藏

圖十五　李禎　山水畫帖 寒江釣舟圖
紙本水墨　19.4×25.5 cm
漢城國立中央博物館所藏

圖十四　許九敍　山水　絹本淡彩
一〇七×三一・八公分　漢城國立中央博物館所藏

圖十八　沈師正　覇橋尋梅圖　一七六六年　絹本淡彩
一一五・五×五〇・六公分　漢城國立中央博物館所藏

圖十六　沈師正　江上夜泊圖
1735 年、絹本淡彩
153.2 × 61 cm
漢城國立中央博物館所藏

圖十七　高克恭　雲橫秀嶺圖
軸、絹本　182.3 × 106.7 cm
台北故宮博物院所藏

圖二十　李麟祥　寒林秀石圖
紙本水墨　109 1 × 57 cm
漢城國立中央博物館所藏

圖十九　沈師正　京口八景
幅中　江巖波濤　紙本
24 × 13.5 cm
私人所藏

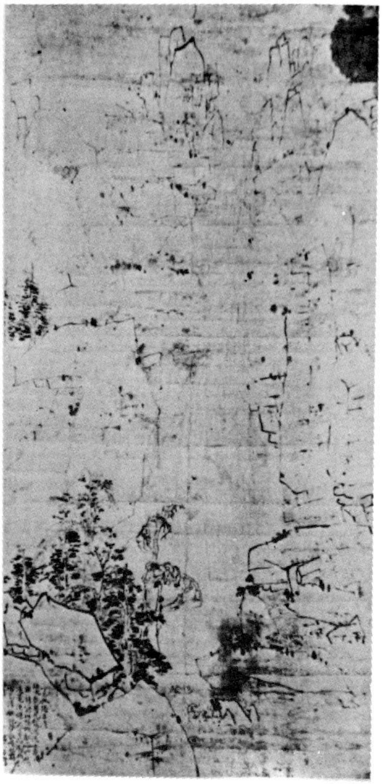

圖二二　李麟祥　指頭山水
紙本淡彩　118.2 × 58.5 cm
漢城國立中央博物館所藏

圖二一　李麟祥　松下獨坐圖
紙本水墨　80 × 40 cm
日本人所藏

圖二三　姜世晃　山水圖 1749 年
紙本淡彩　23 × 462.1 cm
漢城國立中央博物館所藏

圖二六　沈石田　碧梧清暑
芥子園畫傳中

圖二五　姜世晃　碧梧清暑圖
紙本淡彩　30 × 35.8 cm
金光均所藏

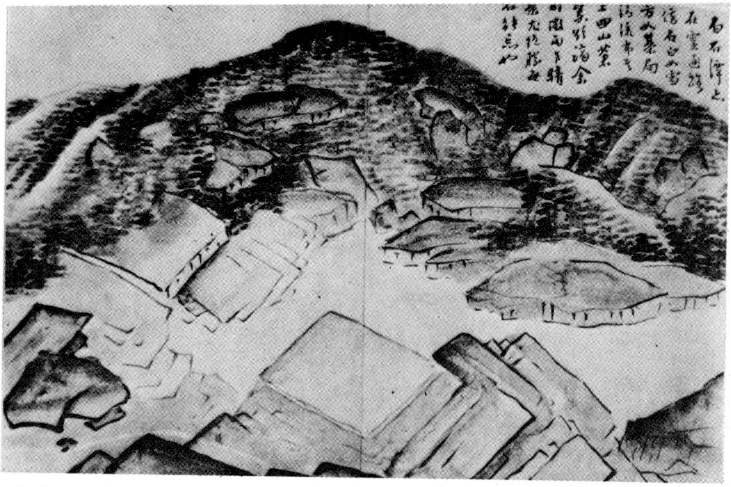

圖二四　姜世晃　白石潭圖　紙本淡彩
32.8 × 54 cm漢城國立中央博物館所藏

圖二七　姜世晃　披襟亭圖
1789 年、紙本淡彩
147.2 × 51.2 cm
漢城國立中央博物館所藏

圖三十　崔北　米法山水圖
紙本淡彩　92.7 × 36.7 cm
漢城國立中央博物館所藏

圖二八　崔北　覇谷尋梅圖

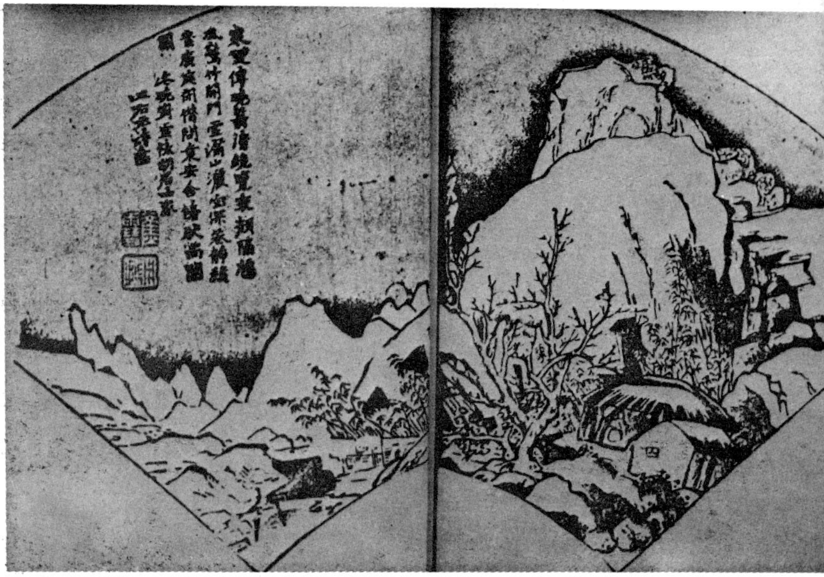

圖二九　芥子園畫譜中 王右丞詩畫

圖三一　崔北　表訓寺圖
紙本淡彩　38.5 × 57.3 cm
漢城私人所藏

圖三二　李寅文　江山無盡圖 (部份)
絹本彩色　43.8 × 856 cm
漢城國立中央博物館所藏

圖三三　李寅文　斷髮嶺望金剛圖
紙本淡彩　23 × 545 cm
漢城私人所藏

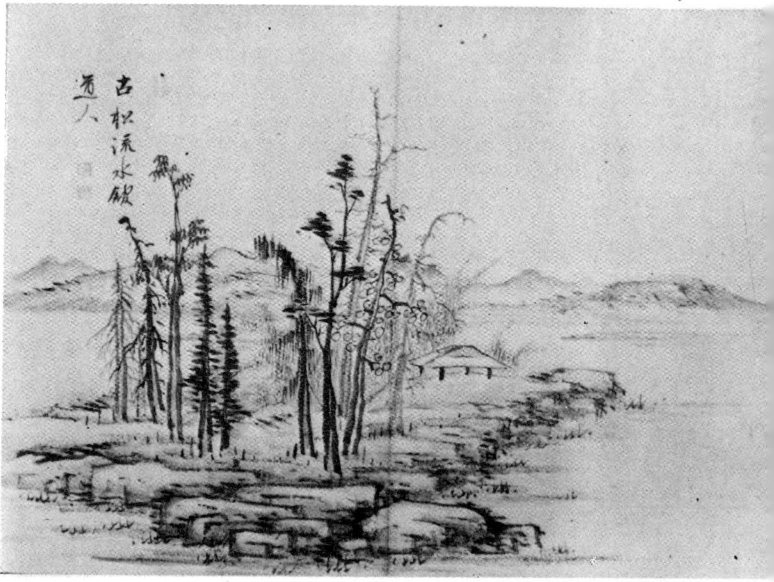

圖三四　李寅文　山水圖
紙本彩色　24.3 × 33.8 cm
漢城國立中央博物館所藏

圖三五　李寅文　松溪閑談圖
紙本淡彩　37.3 × 77 cm
漢城國立中央博物館所藏

圖三六　申緯　竹

圖三七　申緯　翁方綱小照

圖三八　申緯　訪戴圖
紙本水墨　一七×二七公分
漢城國立中央博物館所藏

圖三九　申緯　倣米家烟雨法

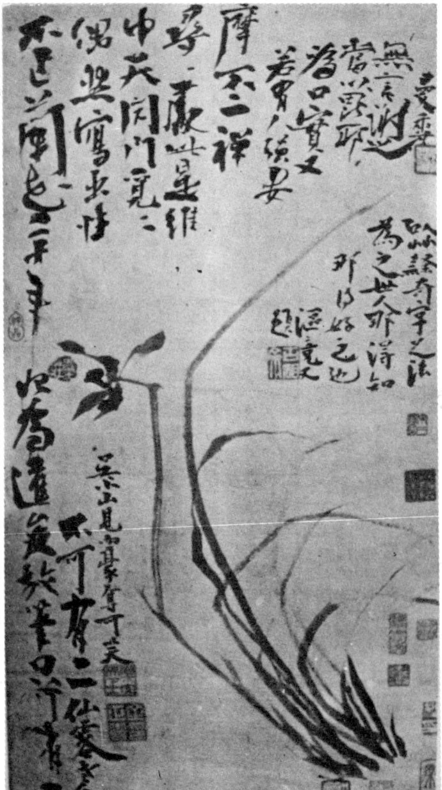

圖四十　金正喜　不作蘭
紙本水墨
55 × 35,6 cm
私人所藏

圖四一　金正喜　歲寒圖
1844 年、紙本水墨
27.2 × 70.2 cm
私人所藏

圖四二　金正喜　山水圖
22.8 × 60 cm
私人所藏

圖四三　金正喜　枯林圖
紙本水墨　46.1 × 25.7 cm
漢城國立中央博物館所藏

圖四四　金正喜　竹庵圖
紙本水墨

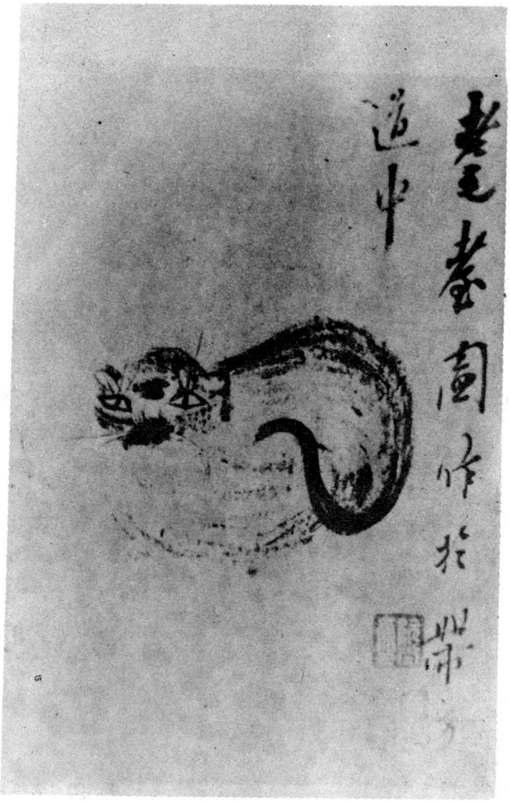

圖四五　金正喜　耄耋圖

圖四六　沈周　猫

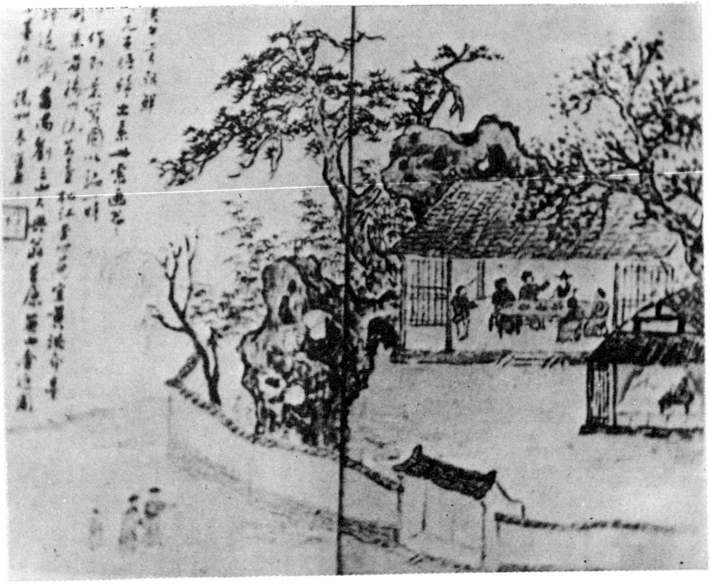

圖四七　朱野雲　阮堂宴別圖

圖五十　許維　山水畫　併畫論、煙雲供養帖中

圖五一　芥子園畫傳第三冊　山石譜

圖四八 許維 山水畫 八曲併中之一部分

圖四九　芥子園畫傳
第三册山石譜

范寬
始師李成又師荆浩山頂多用密
林水際好作突兀大石常嘆曰師
其人不若師造化乃卜居終南太
華偏觀奇勝落筆雄老
眞得山之骨者名與關
仝李成並驅但晚年用
墨太多土石不分耳

圖五二　許維　扇面山水
紙本淡彩　20 × 61 cm
漢城大學博物館所藏

圖五三　金秀哲　烟寺晚鐘
紙本設彩　137 × 49 7 cm
漢城國立中央博物館所藏

圖五四　金秀哲　溪山寂寂圖
紙本淡彩　119 × 46 cm
漢城國立中央博物館所藏

圖五五　金秀哲　松溪閒談圖
紙本淡彩　33.1 × 44 cm
漢城澗松美術館所藏

圖五六　謝蘭生　山水圖 1827 年
26.8 × 35.2 cm
何氏至樂樓藏

圖五七　傅山　山水圖

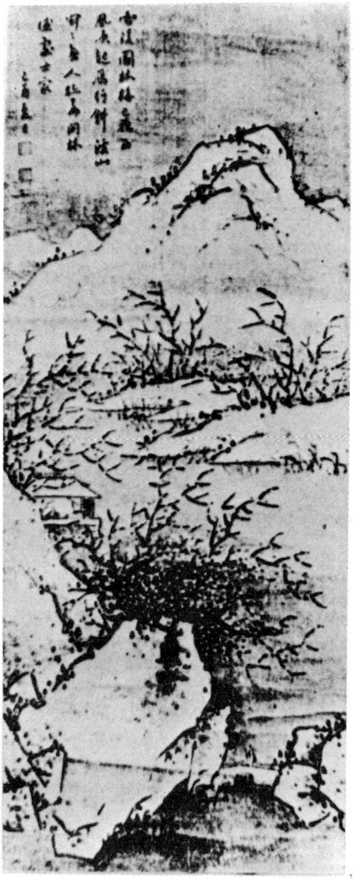

圖五八　田琦　梅花書屋圖
1849年、麻本淡彩
88 × 35.5 cm
漢城國立中央博物館所藏

圖五九　田琦　溪山苞茂圖
紙本水墨　24.5 × 41.5 cm
漢城國立中央博物館所藏

圖六十　田琦　倪雲林法山水圖
紙本水墨　28.6 × 33.8 cm
劉復烈所藏

圖六一　黃公望　富春山居圖
部分、卷、1350年、紙本
33 × 636.9 cm
台北故宮博物院所藏

圖六二　李漢喆　山水圖
紙本水墨
24.3 × 52.0 cm

圖六三　張承業　山水圖
紙本水墨
17.5 × 19 cm
私人所藏

圖六四　王宸　倣北苑筆意山水
軸、紙本　98.5 × 48.1 cm
台北蘭千山館所藏

圖六五　張承業　山水圖
紙本淡彩
136.5 × 32.5 cm
漢城澗松美術館所藏

圖六六　胡遠　四季山水
軸、紙本水墨
233.9 × 60 cm
台北余城所藏

圖六七　張承業　山水圖
紙本水墨　34.2 × 134.4 cm
私人所藏

圖六八　金應煥　江山列覽圖
33 × 784.9 cm　個人所藏

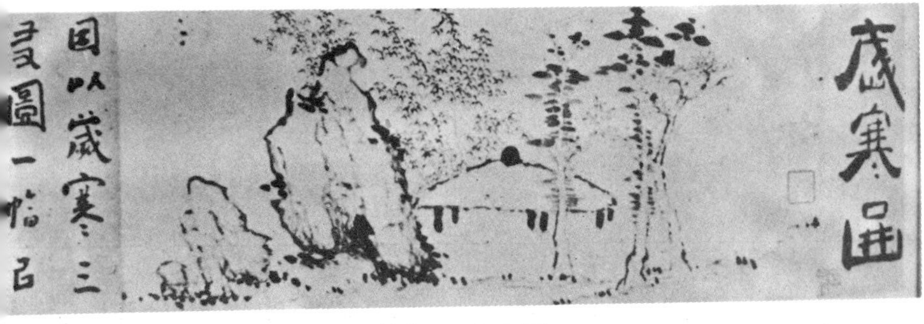

圖七三　權敦仁　歲寒圖
紙本水墨 22.1 × 101 cm
漢城國立中央博物館所藏

圖六九　弘仁　西園坐雨

圖七一　李在寬　松下人物圖
紙本彩色
138.8 × 66.2 cm
漢城國立中央博物館所藏

圖七十　丁若鏞　山水圖
紙本淡彩　26 × 33 cm
釜山東亞大學校博物館所藏

圖七二　李在寬　歸漁圖
絹本淡彩　26.6 × 35.5 cm
釜山私人所藏

圖七四　趙熙龍　梅花書屋圖
紙本淡彩
106.1 × 45.1 cm
漢城澗松美術館所藏

圖七五　高其佩　山水
紙本淺著色
175 × 50.6 cm
日本京都守屋正所藏

圖七七　梁楷　雪景山水
軸、絹本淺著色
111 × 50 cm
日本國立東京博物館所藏

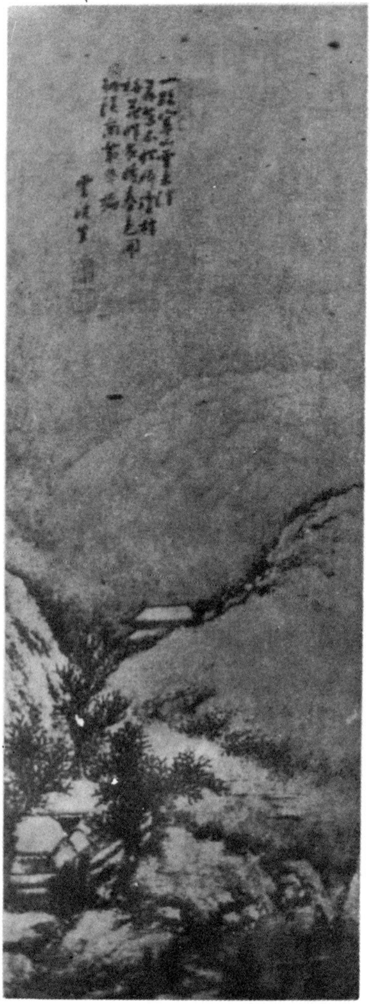

圖七六　趙重默　冬景山水圖
87.9 × 45.5 cm

圖七八　劉淑　米元章拜石圖
紙本淡彩 27.0 × 28.5 cm

圖八十　趙錫晉　梅林幽居圖
紙本設彩　徑 175.8 cm 私人所藏

圖八一　安中植　桃源問津圖
1913 年、絹本彩色
164.4 × 70.4 cm
湖巖美術館所藏

圖七九　洪世燮　野鴨圖
紙本水墨
119.5 × 47.8 cm
漢城國立中央博物館所藏

圖八二　傳尹心衡　樓閣山水
紙本淡彩
155.1 × 45.8 cm
漢城國立中央博物館所藏

圖八三　鄭歆　得意山水圖
絹本淡彩　179.7 × 97.3 cm
漢城國立中央博物館所藏

圖八四　鄭歚　黃驪湖
絹本淡彩
102 × 52 cm
私人所藏

圖八五　鄭歚　山窓幽竹
紙本水墨
94.5 × 45.2 cm
漢城國立中央博物館所藏

圖八六　鄭敾　烟寺暮鐘
紙本淡彩　29 × 17.5 cm
私人所藏

圖八七　鄭敾　山市晴嵐
紙本淡彩　29 × 17.5 cm
私人所藏

圖八八　鄭歆　龍門
紙本水墨
41.5 × 65 cm
私人所藏

圖八九　鄭歆　暮雨歸舟
紙本水墨　32.4 × 33.8 cm
私人所藏

圖九十　鄭歚　木覔山
紙本淡彩　17 × 18 cm
高麗大學校博物館所藏

圖九一　米芾　林岫烟雲
紙本　53.2 × 27.2 cm
台北故宮博物院所藏

圖九三　文徵明　古木寒泉
軸　194.1 × 59.3 cm
台北故宮博物院所藏

圖九二　文徵明　洞庭西山圖
軸　121 × 28.4 cm
台北故宮博物院所藏

圖九五　鄭歆　老柏圖
紙本淡彩　131.6 × 55.6 cm
湖巖美術館所藏

圖九四　鄭歆　山亭雅舍
絹本淡彩　90.5 × 60 cm
富峰美術館所藏

圖九六　鄭歆　寒巖獨釣
紙本水墨　117.2 × 70.3 cm
漢城國立中央博物館所藏

圖九七　鄭歆　瀟湘夜雨
紙本淡彩　24 × 18.5 cm
高麗大學校博物館所藏

圖九八　鄭歚　仁旺霽色圖
1751年 紙本淡彩
79.2 × 138.2 cm
湖巖美術館所藏

圖一〇一　鄭歚　風溪臨流
絹本淡彩
34 × 34.5 cm
私人所藏

圖九九　鄭歚　金剛全圖
1734年　紙本淡彩
130.6 × 94.1 cm
湖巖美術館所藏

圖一〇〇　蘇仁山　山水奇景軸
112.6 × 47.9 cm
香港中文大學中國文化研究所
文物館所藏

主要參考書目

一、中文書目

王右丞集　唐王維撰　商務印書舘國學基本叢書民國五十七年九月台一版
類箋王右丞集　唐王維撰　學生書局影印明嘉靖三五年刋本
唐才子傳　元辛文房撰　新興書局筆記小說大觀三古編第七册民國七十年十二月
詩藪　明胡應麟撰　廣文書局影印本
詩話題編　明王昌會撰　廣文書局影印本
欽定全唐文　清仁宗敕編撰　華文書局民國五十四年版
全唐詩　清聖祖勅編撰　明倫出版社影印本
說詩晬語　清沈德潛撰　中華書局影印原刻本

梁書　唐姚思廉撰　中華書局影印據武英殿本校刋本
新唐書　宋歐陽修、宋祁撰　中華書局影印據武英殿校刋本
國史大綱　民國錢穆撰　商務印書舘
中國哲學史　勞思光撰　三民書局
中國思想史　張昭譯撰　儒林圖書公司
佛學原聖通釋　黃公偉撰　現代文藝出版社
禪宗師承記　顧一樵撰　眞善美出版社
中國佛教通史　鄭欽仁譯撰　牧童出版社
禪與藝術　劉大悲撰　天華出版事業公司
禪學概論　蔣維喬撰　著者印行
禪宗的黃金時代　吳經熊撰　商務印書舘
禪學與唐宋詩學　杜松柏撰　黎明文化事業公司
中國畫學全史　鄭昶撰　中華書局
中國畫史評傳　呂佛庭撰　華岡出版社

中國文學發達史	劉大杰撰	中華書局
古畫品錄	南齊謝赫撰	藝文印書館美術叢書初版
唐朝名畫錄	唐朱景玄撰	藝文印書館美術叢書初版
山水訣	唐王維撰	華正書局中國畫論類編
歷代名畫記	唐張彥遠撰	廣文書局
筆法記	五代荊浩撰	藝文印書館美術叢書初版
夢溪筆談	宋沈括撰	中國子學名著集成珍本第九六册
圖畫見聞誌	宋郭若虛撰	廣文書局
畫鑒	元湯垕撰	河洛出版社中國畫論類編初版
古今畫鑒	元湯垕撰	世界書局藝術叢編三版
圖繪寶鑑	元夏文彥撰	文史哲出版社畫史叢書第二册
華山圖序	明王履撰	河洛出版社中國畫論類編初版
畫麈	明沈顥撰	藝文印書館美術叢書初版
畫說	明莫是龍撰	世界書局藝術叢編初版
畫旨	明董其昌撰	世界書局藝術叢編初版

畫眼　明董其昌撰　世界書局藝術叢書初版
畫禪室隨筆　明董其昌撰　廣文書局
容台集　明董其昌撰　國立中央圖書館編印本初版
中麓畫品　明李開先撰　世界書局藝術叢編初版
偃曝餘談　明陳繼儒撰　新興書局筆記小說大觀十四編第四册
書畫史　明陳繼儒撰　藝文印書館美術叢書初版
無聲詩史　明姜紹書撰　文史哲出版社畫史叢書
畫語錄　清石濤撰　藝文印書館美術叢書初版
芥舟學畫編　清沈宗騫撰　河洛出版社中國畫論類編初版
履園畫學　清錢泳撰　世界書局藝術叢編初版
谿山臥游錄　清盛大士撰　廣文書局美術叢書初版
海上墨林　清楊逸編撰　文史哲出版社
文人畫之價值　陳衡恪撰　藝文印書館美術叢書第五集初版本
中國山水畫的南北宗論　俞劍華撰　人民美術出版社（上海）
唐宋繪畫論叢　童書業撰　中國古典藝術出版社（北京）
唐宋繪畫史　童書業撰　萬葉出版社（香港）

中國名畫家叢書　　中國美術出版社
中國藝術精神　徐復觀撰　學生書局
中國畫壇的南宗三祖　陳仁濤撰　統營公司（香港）
山水畫皴法、苔點之研究　李霖燦撰　國立故宮博物院（台北）
王維研究　莊申撰　萬有圖書公司（香港）
論山水畫　伯精等撰　學生書局
中國南北文化觀　陳序經撰　牧童出版社
宋元明清書畫家年表　　文史哲出版社
中國繪畫美學史稿　郭因撰　人民美術出版社（北平）
故宮名畫三百種　　國立故宮博物院（台北）
元四大家　　國立故宮博物院（台北）
吳派畫九十年展　　國立故宮博物院（台北）
故宮藏畫精選　　讀者文摘出版（香港）
中國的繪畫　　藝術圖書公司
中國書畫　　光復書局
故宮書畫簡輯　　國立故宮博物院（台北）

中文大辭典　中華學術院

唐宋畫家人名辭典　齊師白編撰　新文豐出版公司

中國畫家人名大辭典　東方書店

中國美術家人名辭典　文史哲出版社

論顧愷之至荆浩之山水畫史問題　傅抱石撰　東方雜誌第廿二卷十九號

論畫家之南北宗　張思珂撰　金陵學報第六卷二期

文人與水墨畫　鐘叔蒼撰　人生第十一期九十五號（香港）

水墨畫之基礎及性質　蘇民生譯撰　中法大學第十一卷二期（北平）

論王維對於中國南宗山水畫的影響　虞君質撰　美術學報第三期

關於北派山水畫　林凡撰　中國畫第一期創刊號

中國藝術之根原及其思想體系　何乾撰　中國文化大學碩士論文

沈石田山水畫蹟研究　許英桓撰　中國文化大學碩士論文

二、韓文書目

高麗史　鄭麟趾撰　延世大學校東方學研究所

補閑集　崔滋撰　景仁文化社朝鮮畫論集成

保閑齊集	申叔舟撰	景仁文化社朝鮮畫論集成
龍泉談雜記	金安老撰	景仁文化社朝鮮畫論集成
海東繹史	韓致奫撰	朝鮮古書刊行會
太宗實錄	國史編纂委員會影印朝鮮王朝實錄縮刷版	
世宗實錄	國史編纂委員會影印朝鮮王朝實錄縮刷版	
正祖實錄	國史編纂委員會影印朝鮮王朝實錄縮刷版	
韓國文化史大系		高大民族文化研究所編
燕行錄選集上、下		成均館大大東文化院
韓中關係史研究	全海宗撰	一潮閣
韓國史의再發見	千寬宇撰	一潮閣
韓國文化史研究論攷	李相佰撰	乙酉文化社
韓國史新論	李基白撰	一潮閣
藝術哲學	趙要翰撰	經文社
韓國美術文化史論叢	高裕燮撰	通文館
韓國美術史研究	尹喜淳撰	서울新聞社

韓國美術史　金元龍撰　汎文社
韓國繪畫小史　李東洲撰　瑞文堂
韓國繪畫史　安輝濬撰　一志社
韓國漢文學史　文璇奎撰　正音社
秋史集　金正喜撰崔完秀譯撰　玄岩社
小癡實錄　許維撰金泳鎬編譯撰　瑞文堂
槿域書畫徵　吳世昌撰　普文書店
韓國美術史及美學論考　高裕燮撰　通文館
朝鮮畫論集成上、下　高裕燮撰　景仁文化社
韓國繪畫大觀　劉復烈撰　文教院
韓國美의探究　金元龍撰　汎文社
日本속의韓畫　李東洲撰　瑞文堂
우리나라의옛그림　李東洲撰　博英社
韓國近代繪畫　李慶成撰　一志社
東洋美術論　金晴江撰　友一出版社

謙齋鄭歚　許英桓撰　悅說堂
韓國古美術의理解　金元龍撰　서울大學校出版部
芥子園畫譜　有成出版社
韓國國立中央博物館名品圖鑑　三和出版社
韓國繪畫（國立中央博物館所藏未公開繪畫特別展）　韓國國立中央博物館
山水畫（上、下）　中央日報、東洋放送
謙齋鄭歚　中央日報、東洋放送
許小癡展　新世界美術館展示目錄
朝鮮王朝後期繪畫의新動向　安輝濬撰　考古美術第一三四號
韓國山水畫의發達研究　安輝濬撰　美術資料第廿六號
獨逸에있는謙齋의繪畫　兪俊英撰　空間第一一五號
唐代水墨畫의展開　權德周撰　淑大論文集別册第十四輯
孟永光의花鳥圖　許英桓撰　月刋文化則第一〇四號
石窓洪世燮의生涯와作品　李泰浩撰　考古美術第一四六、一四七特輯號
來朝中國人畫家孟永光에對하여　安輝濬撰　全海宗博士華甲紀念史學論叢

董其昌의尙南貶北論이李朝末期繪畫에끼친影響　洪勇善撰
弘益大學院碩士論文

小癡許鍊의繪畫　李英和撰　弘益大學院碩士論文

北山金秀哲繪畫硏究　李聲如撰　弘益大學院碩士論文

朝鮮王朝末期山水畫考　尹悳漢撰　延世大學院碩士論文

小琳趙錫晉의作品世界　李喆良撰　弘益大學院碩士論文

玄齋沈師正의繪畫　李美也撰　弘益大學院碩士論文

豹庵姜世晃의山水畫硏究　裵貞龍撰　弘益大學院碩士論文

毫生館崔北의繪畫硏究　中山沃撰　弘益大學院碩士論文

三、西文書目

OSVALD SIRÉN,「CHINESE PAINTING」V, NEW YORK, THE RONALD PRESS COMPANY, 1956.

PETER C. SWANN,「L'Art de la CHINE, de la CORÉE et du JAPON」PARIS, LIBRARIE, 1964.

CHEWON KIM, LENA KIMLEE「ARTS OF KOREA」TOKYO, KODANSHA

INTERNATIONAL LTD. 1974.

四、日文書目

中國美術の研究　田中豐藏撰　二玄社
中國繪畫史　鈴木敬撰　吉川弘文館
南畫論萃　吉川修撰　地平社
中國畫學總論　原田謹次郎撰　大塚巧藝社
中國南宗畫史ノート　古原宏伸撰　中央公論社文人畫粹編
韓國美術蒐選　東京大學出版會

附錄

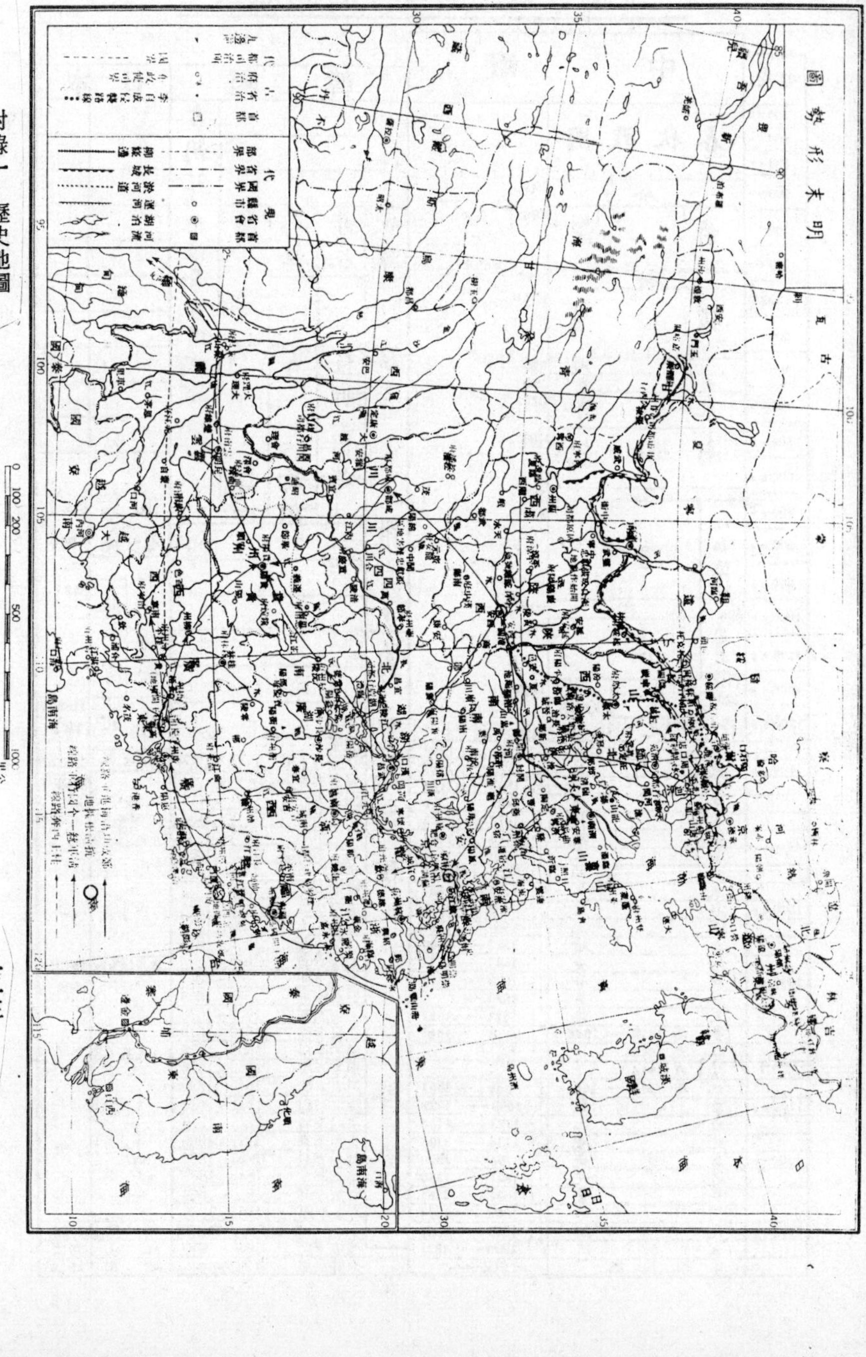
明末形勢圖

中國與韓國日本年曆對照表

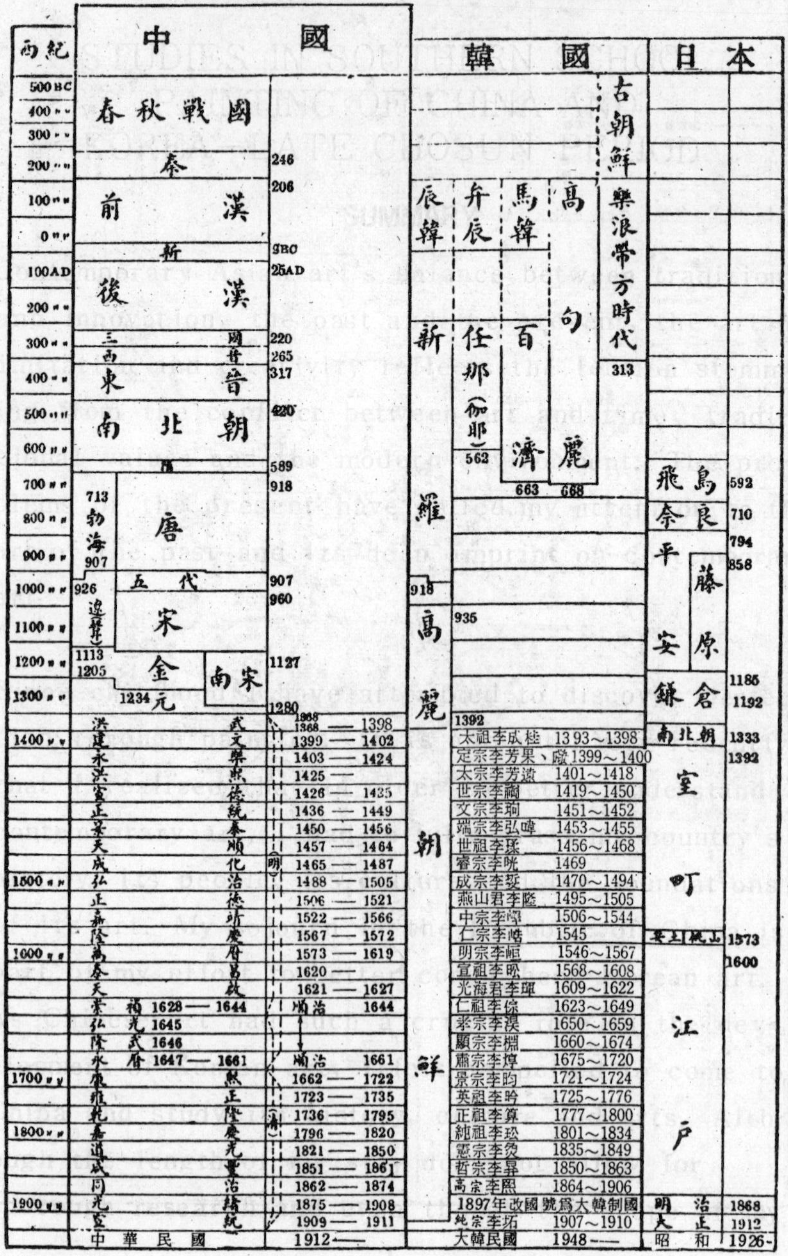
西紀
中國
韓國
日本
500 BC
400 〃 〃
300 〃 〃
200 〃 〃
100 〃 〃
0 〃 〃
100AD
200 〃 〃
300 〃 〃
400 〃 〃
500 〃 〃
600 〃 〃
700 〃 〃
800 〃 〃
900 〃 〃
1000 〃 〃
1100 〃 〃
1200 〃 〃
1300 〃 〃
1400 〃 〃
1500 〃 〃
1600 〃 〃
1700 〃 〃
1800 〃 〃
1900 〃 〃
春秋戰國
秦
246
206
前漢
新
8BC
25AD
後漢
三國
220
西晉
265
東晉
317
南北朝
420
589
隋
618
唐
713
渤海
907
五代
907
960
926
遼(契丹)
宋
1113
1205
金
南宋
1127
1234
元
1280
1368
洪武 1368 — 1398
建文 1399 — 1402
永樂 1403 — 1424
洪熙 1425 —
宣德 1426 — 1435
正統 1436 — 1449
景泰 1450 — 1456
天順 1457 — 1464
成化 1465 — 1487
弘治 1488 — 1505
正德 1506 — 1521
嘉靖 1522 — 1566
隆慶 1567 — 1572
萬曆 1573 — 1619
泰昌 1620 —
天啟 1621 — 1627
(明)
崇禎 1628 — 1644
弘光 1645
隆武 1646
永曆 1647 — 1661
順治 1644
順治 1661
康熙 1662 — 1722
雍正 1723 — 1735
乾隆 1736 — 1795
嘉慶 1796 — 1820
道光 1821 — 1850
咸豐 1851 — 1861
同治 1862 — 1874
光緒 1875 — 1908
宣統 1909 — 1911
(清)
中華民國 1912 —
古朝鮮
樂浪帶方時代
313
辰韓
弁辰
馬韓
高句麗
新羅
任那(伽耶)
562
百濟
663
668
918
935
高麗
1392
朝鮮
太祖李成桂 1393～1398
定宗李芳果、曔 1399～1400
太宗李芳遠 1401～1418
世宗李祹 1419～1450
文宗李珦 1451～1452
端宗李弘暐 1453～1455
世祖李瑈 1456～1468
睿宗李晄 1469
成宗李娎 1470～1494
燕山君李㦕 1495～1505
中宗李懌 1506～1544
仁宗李峼 1545
明宗李峘 1546～1567
宣祖李昖 1568～1608
光海君李琿 1609～1622
仁祖李倧 1623～1649
孝宗李淏 1650～1659
顯宗李棩 1660～1674
肅宗李焞 1675～1720
景宗李昀 1721～1724
英祖李昑 1725～1776
正祖李祘 1777～1800
純祖李玜 1801～1834
憲宗李奐 1835～1849
哲宗李昪 1850～1863
高宗李熙 1864～1906
1897年改國號爲大韓制國
純宗李坧 1907～1910
大韓民國 1948 ——
飛鳥
592
奈良
710
平安
794
藤原
858
1185
鎌倉
1192
南北朝
1333
1392
室町
安土桃山
1573
1600
江戶
明治 1868
大正 1912
昭和 1926-

中韓重要畫家生卒年比較表

中國畫家		生卒年	年代	韓國畫家		生卒年	年代	日本
人名	號			人名	號			
顧愷之	長康	東晉永和2－義熙3（公元346－407）						
宗　炳	少文	東晉寧康3－宋元嘉20（公元375－443）		率居		新羅人		原始時代
陸探微		宋明帝時（公元465－472）						
謝　赫		南朝齊人（公元479－502）						
張僧繇		梁天監中（公元502－518）		阿佐太子		百濟人，6、7世紀	三國時代	
展子虔		歷仕北齊，北周，入隋（公元581－618）						
閻立德		唐武德中－皇慶元年（公元618～626－656）	唐代（公元六一八～九〇六）					飛鳥時代
閻立本		唐貞觀初年－咸亨四（公元627－673）						
李思訓	建見	唐永徽2－開元4（公元651－716）						
李昭道		唐開元中						

李　邕	泰和	唐儀鳳 3 - 天寶 6（公元 676—747）	唐代			統一新羅時代（公元六七六～九三五年）	白鳳時代
王　維	摩詰	唐聖曆 2 - 開元 9（公元 699—759）					
韓　幹		唐天寶初（公元 742 — 755）		金忠義	德宋（公元 781 — 799）年間		天平時代
鄭　虔	弱齊	天寶開元中					
吳道玄	道子	唐天寶中（公元 670？～760？）					
周　昉	仲朗	唐建中					平安時代前期
王　洽		唐貞元末卒（公元 785 — 805）					
黃　筌	要叔	宋乾德 3 年卒（公元 965）					
刁光胤		唐天復（公元 901 — 903）中，避地入蜀，年八十。					平安時代後期
荆　浩	浩然	五代時，隱於太行山之洪谷。（公元 907 — 960）					
關　仝		五代（公元 907 — 960）					
董　源	叔達	唐天復 7 - 宋達隆 3（公元 907 — 962）					
黃居寶	辭玉	仕蜀（公元 925 — 965）時待詔，年未 40 年。				高麗時代	

平安時代後期

高麗時代（公元九一八～一三九二年）

宋代（公元九六〇～一二七九年）

黃居寀	伯鸞	後唐長興四－宋淳化4（公元933－993）
李煜	重光	後晉天福元－宋太平興國3（公元936－978）
貫休	德隱	後晉天福中（公元936－943）中，入蜀。年81。
郭忠恕	恕先	仕周（公元951－960）授國子博士。
徐熙		世仕南唐（公元937－975）爲江南名家。
趙幹		仕南唐李煜（公元961－975）爲畫院學生。
巨然		南唐開元寺僧，宋開寶8年（公元975）隨南唐後主李煜歸宋，居於開寶寺。
燕文貴		乾德王－慶曆4（公元967－1044）
高克明		北宋眞宗朝
文同	與可	天禧2－元豐2（公元1018－1099）
崔白	子西	北宋

蘇　軾	子瞻	景祐 6 - 建中靖國元（公元 1036 — 1101 ）	宋代					高麗時代	平安時代後期
黃庭堅	山谷	慶曆 5 - 崇寧 4 （公元 1045 — 1105 ）							
李公麟	伯時	皇祐元 - 崇寧 5 （公元 1049 — 1106 ）							
李　唐	晞古	皇祐元 - 建炎 4 （公元 1049 — 1130 ）							
武宗元	總之	？ - 皇祐 2 ？ — 1050 ）							
米　芾	元章	皇祐 3 - 大觀元 （公元 1051 — 1107 ）							
米友仁	元暉	元祐元 - 乾道元 （公元 1086 — 1165 ）							
徐　兢		元祐 8 - 紹興 25 （公元 1093 — 1155 ）							
趙伯驌	希遠	宣和 6 - 淳熙 9 （公元 1124 — 1182 ）							
朱　熹	元晦	建炎 4 - 慶元 6 （公元 1130 — 1200 ）							
牧　溪		宋							

馬　遠	欽山	建炎 4 - 嘉定 13（公元 1130 — 1220）	宋代				高麗時代	
趙　佶	(徽宗)	元豐 5 - 紹興 5（公元 1082 — 1135）		李　寧		仁宗、毅宗（公元 1146 — 1170）年間		
劉松年		南宋						
趙伯駒		南宋						
梁　楷	梁風子	南宋						
夏　珪		紹熙元 - 寶慶元？（公元 1190 — 1225？）		金君綏		明宗年間		鎌倉時代
李　衎	息齋	淳祐 5 - 延祐 7（公元 1245 — 1320）						
高克恭	彥敬	淳祐 8 - 至大 3（公元 1248 — 1310）						
趙孟頫	子昂	寶祐 2 - 至治 2（公元 1254 — 1322）						
黃公望	子久	咸淳 5 - 至正 14（公元 1269 — 1354）						
吳　鎮	仲圭	至元 17 - 至正（公元 1280 — 1354）	元代	忠宣王		忠烈元 - 忠肅 12（公元 1275 — 1325）		
朱德潤	澤民	至元 31 - 至正 25（公元 1294 — 1365）		李齊賢	仲思	忠烈 13 - 恭愍 16（公元 1287 — 1367）		

倪　瓚	雲林	大德5-明洪武7（公元1301—1374）	元代（公元一二八〇～一三六七年）	李　嵓	古雲	忠烈23-恭愍13（公元1297—1364）		
王　蒙	叔明	至大元-明洪武18（公元1308—1385）						
柯九思	敬仲	皇慶元-至正25（公元1312—1365）		恭愍王		忠肅17-恭愍23（公元1330—1374）		
戴　進	靜庵	洪武21-天順6（公元1388—1462）	明代（公元一三六八～一六四二年）	申德隣	不孤	14-15世紀初	朝鮮時代（公元一三九二～一九一〇年）	室町時代
杜　瓊	用嘉	洪武29-成化10（公元1396—1474）						
張　復	復陽	永樂元-弘治3（公元1403—1490）		秀　文		（公元1403—?）		
				成三問	梅竹軒	太宗18-世祖2（公元1418—1456）		
姚　綬	公綬	永樂21-弘治8（公元1423—1495）						
				安　堅	玄洞子	太宗18—?（公元1418—?）		
沈　周	石田	宣德2-正德4（公元1427—1509）		姜希顏	仁齋	世宗元-世祖10（公元1419—1464）		
郭　詡	仁宏	景泰7-嘉靖7（公元1456—1527年73）		姜希孟	私淑齋	世宗6-成宗14（公元1424—1483）		
吳　偉	小僊	天順3-正德3（公元1459—1508）		文　清		15世紀		
				石　敬		15世紀中葉-16世紀前半		

張　路	平山	天順 8 - 嘉靖 17（公元 1464 — 1538）	明代	李上佐	學圃	15 世紀後半 - 16 世紀中葉	朝鮮時代	室町時代
文徵明	衡山	成化 6 - 嘉靖 38（公元 1470 — 1559）		宋世琳	醉隱	成宗 10 — ?（公元 1478 ?）		
唐　寅	伯虎	成化 6 - 嘉靖 2（公元 1470 — 1523）		梁彭孫	學圃	成宗 19 - 仁宗元（公元 1488 — 1545）		
呂　紀	廷振	成化 13 — ?（公元 1477 — ?）		申　潛	靈川子	成宗 22 - 明宗 9（公元 1491 — 1554）		
謝時臣	樗仙	弘治元 - 隆慶元（公元 1488 — 1567 年 81）						
陸　治	叔平	弘治 9 - 萬曆 4（公元 1496 — 1576）		李　巖		燕山君 5 — ?（公元 1499— ?）		
文　嘉	休丞	弘治 14 - 萬曆 11（公元 1501 — 1583）						
文伯仁	德承	弘治 15 - 萬曆 3（公元 1502 — 1575）		申夫人	思任堂	燕山 10 - 明宗 6（公元 1504 — 1551）		
莫如忠	子良	正德 3 - 萬曆 16（公元 1508 — 1588）		金　禔	養松軒	16 世紀前半 - 16 世紀後半		
仇　英	十洲	正德 4 - 嘉靖 38（公元 1509 ?— 1559 ?）		仁　宗		中宗 10 - 仁宗元（公元 1515 — 1545）		
徐　渭	文長	正德 16 - 萬曆 21（公元 1521 — 1593）		申世霖		中宗 16 - 宣祖 16（公元 1521 — 1583）		

王世貞	元美	嘉靖5-萬曆18（公元1526—1590）	明代
孫克弘	雪居	嘉靖11-萬曆39（公元1533—1611）	
莫是龍	雲卿	卒於萬曆15年，年近五十。（公元1537?—1587）	
董其昌	玄宰	嘉靖34-崇禎9（公元1555—1636）	
陳繼儒	仲醇	嘉靖37-崇禎12（公元1558—1639）	
李日華	君實	嘉靖44-崇禎8（公元1565—1635）	
李流芳	長蘅	萬曆3-崇禎2（公元1575—1629）	
藍　瑛	田叔	萬曆13-康熙3（公元1585—1664）	
王時敏	煙客	萬曆20-康熙19（公元1592—1680）	
王　鑑	圓照	萬曆26-康熙16（公元1598—1677）	

			朝鮮時代	室町時代
尹仁傑		16世紀		
咸允德		16世紀		
李不害		中宗24—?（公元1529—?）		
李夫人	梅窓	中宗24-宣祖15（公元1529—1582）		
李正根	心水	中宗26—?（公元1531—?）		
黃執中	影谷	中宗28—?（公元1533—?）		
李崇孝		公元1536年以前-16世紀後半		
李興孝		中宗32-宣祖26（公元1537—1593）		
李　霆	灘隱	中宗36—?（公元1541—?）		
李慶胤	駱坡	仁宗元—?（公元1545—?）		
李英胤	竹林守	明宗16-光海3（公元1561—1611）		
金世祿	渭濱	16世紀後半-17世紀前半		
魚夢龍	雪川	明宗21—?（公元1566—?）		
尹毅立	月潭	宣祖元-仁祖21（公元1568—1643）		

陳洪綬	章侯	萬曆 27 - 順治 9（公元 1599 — 1652）	明代	李　楨	懶翁	宣祖 11 - 宣祖 40（公元 1578 — 1607）	朝鮮時代	桃山時代
龔　賢	柴丈人	萬曆 27 - 康熙 28（公元 1599 — 1689）		李　澄	虛舟	宣祖 14 — ?（公元 1581 — ?）		
傅　山	青主	萬曆 35 - 康熙 23（公元 1607 — 1684）		仁　祖	松窓	宣祖 28 - 仁祖 27（公元 1595 — 1649）		
吳偉業	梅村	萬曆 37 - 康熙 10（公元 1609 — 1671）		趙　涑	滄江	宣祖 28 - 顯宗 9（公元 1595 — 1668）		
釋弘仁	浙江	萬曆 38 - 康熙 2（公元 1610 — 1663）		金明國	蓮潭	宣祖 33 — ?（公元 1600 — ?）		
查士標	二瞻	萬曆 43 - 康熙 37（公元 1615 — 1698）		沈師貞		17 世紀		江戶時代
梅　清	瞿山	天啓 3 - 康熙 36（公元 1623 — 1697）		韓時覺	雪灘	光海君 13 — ?（公元 1621 — ?）		
釋八大山人	朱奈	天啓 61 - 康熙 44（公元 1626 — 1705 時 80）		李　伋	晚沙	仁祖元 — ?（公元 1623 — ?）		
釋道濟	石濤	崇禎 3 - 康熙 46（公元 1630 — 1707 年 78）		李　涵	思湖	仁祖 11 — ?（公元 1633 — ?）		
呂煥成	吉文	崇禎 3 - 康熙 44（公元 1630 — 1705 時 76）		曹世杰	清洲	仁祖 14 — ?（公元 1636 — 1706 以後）		
				李明郁		17 世紀中葉 - 18 世紀初		

吳　歷	墨井	崇禎5 - 康熙57（公元1632－1718）	明代				朝鮮時代	江戶時代
王　翬	石谷	崇禎5 - 康熙56（公元1632－1717）						
惲壽平	南田	崇禎6 - 康熙29（公元1633－1690）						
吳　章	山帶	崇禎9 - 康熙35（公元1636－1696）						
王原祁	麓台	崇禎15 - 康熙54（公元1642－1715）						
高其佩	且園	康熙11 - 雍正12（公元1672－1734）	清代（公元一六四四～一九一一年）	金昌業	稼齋	孝宗9 - 景宗元（公元1658－1721）		
華　嵒	秋岳	康熙21 - 乾隆27（公元1682－1726年81）		尹斗緒	恭齋	顯宗9－?（公元1668－?）		
				沈廷冑	竹窓	17，18世紀		
高鳳翰	南阜	康熙22 - 乾隆13（公元1683－1748）		鄭　款	謙齋	肅宗2 - 英祖35（公元1675－1759）		
安　岐	儀周	康熙22 - 乾隆8（公元1683－1743年61）		尹　淳	白下	肅宗6 - 英祖17（公元1680－1741）		
鄒一桂	小山	康熙25 - 乾隆37（公元1686－1772）		尹德熙	駱西	肅宗11－?（公元1685－?）		

金　農	冬心	康熙 26 - 乾隆 28（公元 1687 — 1763）	清代
郎世寧		康熙 27 - 乾隆 31（公元 1688 — 1766）	
鄭　燮	板橋	康熙 32 - 乾隆 30（公元 1693 — 1765）	
艾啓蒙	醒菴	康熙 47 - 乾隆 45（公元 1708 — 1780）	
王　宸	蓬心	康熙 59 - 嘉慶 2（公元 1720 — 1797）	
紀　昀	曉嵐	雍正 2 - 嘉慶 10（公元 1724 — 1805）	
羅　聘	兩峯	雍正 11 - 嘉慶 4（公元 1733 — 1799）	
李世倬	穀齋	? - 乾隆 35 ? — 1770）	
翁方綱	覃谿	雍正 11 - 嘉慶 23（公元 1733 — 1818）	
潘恭壽	蓮巢	乾隆 6 - 乾隆 59（公元 1741 — 1794）	
鄧石如	頑伯	乾隆 8 - 嘉慶 10（公元 1743 — 1805）	

趙榮祏	觀我齋	肅宗 12 - 英祖 37（公元 1686 — 1761）	朝鮮時代	江戶時代
卞相璧	和齋	17、18 世紀		
秦再奚	僻隱	肅宗 17 - 英祖 45（公元 1691 — 1769）		
柳德章	峀雲	肅宗 20 - 英祖 50（公元 1694 — 1774）		
金斗樑	南里	肅宗 22 - 英祖 39（公元 1696 — 1763）		
李匡師	圓嶠	肅宗 31 - 正祖元（公元 1705 — 1777）		
沈師正	玄齋	肅宗 33 - 英祖 45（公元 1707 — 1769）		
許　佖	烟客	肅宗 3 — ?（公元 1709 — ?）		
李麟祥	凌壺觀	肅宗 36 - 英祖 36（公元 1710 — 1760）		
姜熙彥	淡拙	肅宗 36 - 英祖 40（公元 1710 — 1764）		
金允謙	眞宰	肅宗 37 — ?（公元 1711 — ?）		
姜世晃	豹菴	肅宗 39 - 正祖 15（公元 1713 — 1791）		

黎　簡	二樵	乾隆 12 - 嘉慶 4 (公元 1747 — 1799)	清代
宋　簡	長文	乾隆 22 — ? (公元 1757 — ?)	
錢　泳	梅溪	乾隆 24 - 道光 24 (公元 1759 — 1844)	
朱鶴年	野雲	乾隆 25 - 道光 13 (公元 1760 — 1833 年 74)	
謝蘭生	佩士	乾隆 25 - 道光 11 (公元 1760 — 1831)	
紀大復	半樵	乾隆 27 - 道光 11 (公元 1762 — 1831)	
錢　杜	叔美	乾隆 28 - 道光 24 (公元 1763 — 1844)	
阮　元	芸臺	乾隆 29 - 道光 29 (公元 1764 — 1849)	
梁元仲	章遠	乾隆 29 - 道光 12 (公元 1764 — 1832)	
倪　璨	研田	乾隆 29 - 道光 21 (公元 1764 — 1841)	
陳鴻壽	曼生	乾隆 33 - 道光 2 (公元 1768 — 1822)	

崔　北	聖器	18 世紀	朝鮮時代	江戶時代
金有聲	西岩	英祖元 — ? (公元 1725 — ?)		
柳煥德		英祖 5 — ? (公元 1729 — ?)		
鄭　滉	巽庵	18 世紀前半 - 19 世紀初		
朴趾源	燕岩	英祖 13 - 純祖 5 (公元 1737 — 1805)		
元命雄	研農	18、19 世紀		
金履嚇		18、19 世紀		
金應煥	復軒	英祖 18 - 正祖 13 (公元 1742 — 1789)		
李寅文	有春	英祖 21 - 純祖 21 (公元 1745 — 1821)		
金弘道	檀園	英祖 21 - 純祖 16 (公元 1745 — 1815)		
申潤福	蕙園	18 世紀中葉 - 19 世紀初		
朴齊家	楚亭	英祖 26 - 純祖 15 (公元 1750 — 1815)		
金碩臣	蕉園	英祖 34 — ? (公元 1758 — ?)		
丁若鏞	茶山	英祖 38 - 憲宗 2 (公元 1762 — 1836)		

包世臣	愼伯	乾隆 40 - 咸豐 5（公元 1775－1855）	清代	尹濟弘	鶴山	英祖 40－？（公元 1764－？）	朝鮮時代	江戶時代
				申　緯	紫霞	英祖 45－憲宗 11（公元 1769－1845）		
趙之琛	次閑	乾隆 46 - 咸豐 10（公元 1781－1860）						
				鄭遂榮	文又齊	18、19 世紀		
屠　倬	琴塢	乾隆 46 - 道光 9（公元 1781－1829）		李在寬	小塘	正祖 7 - 憲宗 3（公元 1783－1837）		
戴　熙	醇士	嘉慶 6 - 咸豐 10（公元 1801－1860）		權敦仁	彝齋	正祖 7 - 哲宗 10（公元 1783－1859）		
胡　震	鼻山	嘉慶 22 - 同治元（公元 1817－1862）		金正喜	秋史 阮堂	正祖 10 - 哲宗 8（公元 1786－1857）		
湖　遠	公壽	道光 3 - 光緒 12（公元 1823－1886）		趙廷奎	琳田	正祖 15－？（公元 1791－？）		
趙之謙	撝叔	道光 9 - 光緒 10（公元 1825－1884）		趙熙龍	又峰	正祖 21 - 哲宗 10（公元 1797－1859）		
翁同龢	叔平	道光 10 - 光緒 30（公元 1830－1904）		李漢喆	希園	純祖 8 - 高宗 17（公元 1808－1880 以後）		
蒲　華	作英	道光 4 - 宣統 3（公元 1834－1911）		許　鍊	小癡	純祖 9 - 高宗 29（公元 1809－1892）		
吳大澂	清卿	道光 15 - 光緒 28（公元 1835－1902）		申命衍	靄春	純祖 9－？（公元 1809－？）		
				金秀哲	北山	19 世紀		
				金昌秀	鶴山	19 世紀		

任　頤	伯年	道光 20 - 光緒 22（公元 1840 — 1896）	清代
吳俊卿	昌碩	道光 24 - 民國 16（公元 1844 — 1927）	
高　邕	聾公	道光 30 - 民國 10（公元 1850 — 1921）	
吳淑娟	杏芬	咸豐 3 - 民國 19（公元 1853 — 1930）	
齊白石	渭清	同治 2 - 民國 46（公元 1863 — 1957）	
黃賓虹	予向	同治 3 - 民國 44（公元 1864 — 1955）	
王　震	一亭	同治 5 - 民國 27（公元 1866 — 1938）	
李昰應	石坡	純祖 20 - 光武 2（公元 1820 — 1898）	朝鮮時代
田　琦	古藍	純祖 25 - 哲宗 5（公元 1825 — 1854）	
趙重默	雲溪	19 世紀	
丁學教	香壽	純祖 32 -（公元 1832 — 1914）	
洪世燮	石窓	純祖 32 - 高宗 21（公元 1832 — 1884）	
張承業	吾園	憲宗 9 - 光武 1（公元 1843 — 1897）	
池雲英	白蓮	哲宗 3 -（公元 1852 — 1935）	
趙錫晉	小琳	哲宗 4 -（公元 1853 — 1920）	
金應元	小湖	哲宗 6 -（公元 1855 — 1921）	
閔泳翊	芸楣 園丁	哲宗 11 -（公元 1860 — 1914）	
安中植	心田	哲宗 12 -（公元 1861 — 1919）	
			江戶時代

梁啓超	任公	同治 11 － 民國 18（公元 1873 － 1929）	清代	金圭鎮	海岡	高宗 5（公元 1868 － 1933）		明治時代
吳　徵	待秋	光緒 4 － 民國 38（公元 1878 － 1949）		金容鎮	又齋	高宗 19 －（公元 1882 － 1968）		
高　崙	劍父	光緒 5 － 民國 40（公元 1879 － 1951）		李道榮	穎雲	高宗 21 －（公元 1884 － 1933）		
鄭　昶	午昌	光緒 20 － 民國 41（公元 1894 － 1952）		高羲東	春谷	高宗 23 －（公元 1886 － 1965）		
徐悲鴻		光緒 21 － 民國 42（公元 1895 － 1953）						
張大千		光緒 25 －（公元 1899 － 　）						

中、韓重要畫家生卒年比較表註：

一、「宋元明清書畫家年表」，民國六十四年十月，台北，文史哲出版社。

二、「中國美術家人名辭典」，民國七十一年七月，台北，文史哲出版社。

三、「中國畫家人名辭典」，台北，東方書店。

四、「中國歷代書畫篆刻家號索引」，民國六十一年，台北，文史哲出版社。

五、安輝濬撰「韓國繪畫史」，一九八〇年七月，漢城，一志社。

六、「山水畫」上，一九八〇年五月，漢城，中央日報、東洋放送。

七、劉復烈編撰「韓國繪畫大觀」，一九七九年五月，文敎院。

中國與韓國、日本年曆對照表註：

一、傅抱石編撰「中國美術年表」，民國六十八年二月，台北，鼎文書局。

二、張存武、陶晉生編撰「歷史學手册」，民國六十六年一月，食貨出版社。

STUDIES IN SOUTHERN SCHOOL PAINTING OF CHINA AND KOREA—LATE CHOSUN PERIOD

SUMMARY

Contemporary Asian art's balance between tradition and innovation, the past and the present, the art of imitation and creativity reflects the tension stemming from the conflict between art and time, traditional values and the modern environment. The problems of the present have called my attention to the art of the past and its deep imprint on contemporary art.

Since childhood I have attempted to discover perfection through painting. It is not until very recently that I realized that in order to better understand contemporary art, I had to fully grasp my country's history, its people, its culture and the foundations of its art. My sojourn in the Republic of China is part of my effort to better comprehend Korean art. As Chinese art had such a crucial role in the development of Korean art, I felt compelled to come to China and study its history, culture and arts. Although the length of my stay does not allow for thorough research and even though the scope of my

study is limited, my understanding of art has nevertheless significantly evolved.

The contents of this thesis cover one of the most important aspects of Chinese painting: the Southern school's history and development, as well as the origin of the split that occured at the end of the Ming dynasty. The thesis then concentrates on the analysis of the influence of Southern school painting on Korean art at the end of the Chosun (朝鮮) dynasty (1700-1910). Although this is a rather broad theme, my aim is to provide a solid insight into Chinese painting and its particular style, and by extension clarify the influence of Chinese painting on Korean art. The essence of Korean art is therefore exposed and clearly defined. Furthermore, the above-mentioned developments contribute to the research on the origin and the sources of the modernization of traditional painting, and provide insight as to the use of tradition to fulfill the needs of contemporary art.

The title of the thesis is "A study of the Southern School and its influence on Korean painting at the end of the Chosun dynasty".

The thesis is organized into five chapters, themsel-

ves subdivided into fourteen parts.

The first chapter or Introduction is divided into three parts presenting the character of Korean painting, theory and form in Korean painting and exchanges between Chinese and Korean culture.

The second chapter is entitled "The establishment of the Southern School's theory" and is divided into seven parts: the origin of the split into Southern and Northern schools; Ch'an (禪) school and Southern-school theories; a comparison of polychrome paintings, outline paintings and wash paintings; the relationship between literati and Southern-school painting; criticism by later scholars of the split into two schools; Wang Wei's (王維) theories; and trends prevalent among major Southern-school painters.

The third chapter is entitled "A summary of the influence of the Southern-school style on late Chosun dynasty art"; and is divided into four parts, the transmission of the Southern-school style to Korea; Korea's own indigenous schools; particularity and character of Korean painting; and description of the evolution of Korean painting after the introduction of Southern-school style.

The fourth chapter is entitled "Representative works of art and artists under the influence of the Southern-school style" and is divided into three parts; summary; representative painters and works of art; Chong Son's (鄭歚) style and its relationship to the Southern school style.

The fifth chapter or Conclusion is divided into three parts: a simple explanation of Northern and Southern School theories; the implications of the Southern school's influence on Korean art at the end of the Chosun dynasty; the development of Southern-school painting and Korean art after the fall of the Chosun dynasty.